广东省 2021 年度教育科学规划课题：基于多媒体认知理论的高校体育课项目驱动式教学模式研究 (2021GXJK192)

广东省教育厅 2020 年度省级教育教学改革项目：基于 SPOC 的高校体育课项目驱动式教学模式研究（粤教高函〔2020〕20 号）

高校体育教学模式创新研究

陈婷婷　著

九州出版社
JIUZHOUPRESS

图书在版编目（CIP）数据

高校体育教学模式创新研究 / 陈婷婷著 . -- 北京 ：
九州出版社，2023.10
ISBN 978-7-5225-2229-6

Ⅰ．①高… Ⅱ．①陈… Ⅲ．①体育教学－教学模式－
研究－高等学校 Ⅳ．① G807.4

中国国家版本馆 CIP 数据核字（2023）第 188351 号

高校体育教学模式创新研究

作　　者	陈婷婷　著	
责任编辑	云岩涛	
出版发行	九州出版社	
地　　址	北京市西城区阜外大街甲 35 号（100037）	
发行电话	(010)68992190/3/5/6	
网　　址	www.jiuzhoupress.com	
印　　刷	定州启航印刷有限公司	
开　　本	710 毫米 ×1000 毫米　　16 开	
印　　张	15.75	
字　　数	210 千字	
版　　次	2023 年 10 月第 1 版	
印　　次	2024 年 1 月第 1 次印刷	
书　　号	ISBN 978-7-5225-2229-6	
定　　价	88.00 元	

前　言

随着 21 世纪信息技术日新月异的发展、新的教育观念的孕育与崛起，高等教育正在经历一场前所未有的变革。对于高校体育教学而言，如何适应这一变革，采取新的教学模式，培养出适应社会发展要求的高素质人才，成为高校教育必须面临和解决的重要课题。

体育，不仅在提高人们的身体素质方面起着重要作用，还在人的全面发展，特别是在打造健康的生活方式、培养团队协作精神、磨炼人的意志品质、增强社会交往能力等多个方面发挥着积极的作用。而高校体育，既是普通高等教育的重要组成部分，又是体育的重要领域，其教学模式的创新对于高等教育的发展，无疑具有举足轻重的意义。

本书的目的在于深入探索和研究高校体育教学模式的创新，以理论为基础，借助实践，以人为本，把握高校体育教学的本质，探讨并提出新的教学模式，以期为高校体育教学的发展和教学质量的提高提供理论支持和实践指导。

全书由导论、高校体育教学模式创新的理论基础、高校体育教学模式创新的支撑性路径、高校体育教学创新性模式探索、现代技术赋能高校教育体育教学模式的创新、教师发展推动高校体育教学模式创新、结论与展望七部分组成。

第一章从体育的基础认识出发，概述了高校体育教学模式的概念、发展历程和现状，并探讨了高校体育教学模式创新的意义和原则，为后续章节的内容提供了理论基础和研究背景。

第二章从以人为本的教育理论、终身体育教育理论、健康第一教育理念以及寓乐于体教育理念等角度出发，深入探讨了高校体育教学模式创新的理论基础。

第三章提出了优化高校体育教学目标、内容、方法、管理以及评价的具体措施和建议，从多个维度揭示了高校体育教学模式创新的支撑性路径。

第四章提出并详细介绍了程序教学模式、俱乐部教学模式、快乐体育教学模式、运动处方教学模式以及"双向主体能动式"教学模式几种具有创新性色彩的高校体育教学模式。

第五章阐述了现代教育技术的概念和特点，进一步探讨了现代教育技术在高校体育教学中的应用，以及基于现代教育技术的创新性教学模式。

第六章对高校体育教师的职责、角色进行了概述，详细阐述了教师发展对高校体育教学模式创新的推动作用，同时分析了影响体育教师发展的各种因素，并提出了体育教师专业化发展的策略。

第七章对全书进行了总结，提出了关于高校体育教学模式创新的研究结论，并对未来的研究方向和发展趋势进行了展望。

在全球化和信息化的大背景下，高校体育教学模式的创新显得尤为重要。期待这本书能为教育工作者提供新的视角和思考，也期待它能对全社会的身心健康教育有所贡献。只有创新，才能不断前进；只有发展，才能永不落后。希望本研究和探索，能为高校体育教学模式的创新，提供有价值的参考。

目 录

第一章 导 论 ···001

  第一节 体育的基础认识 ···001

  第二节 高校体育教学模式概述 ···009

  第三节 高校体育教学模式创新的意义 ·····································017

  第四节 高校体育教学模式创新的原则 ·····································025

第二章 高校体育教学模式创新的理论基础 ·······················033

  第一节 以人为本教育理论 ··033

  第二节 终身体育教育理论 ··040

  第三节 健康第一教育理念 ··048

  第四节 寓乐于体教育理念 ··058

第三章 高校体育教学模式创新的支撑性路径 ···················063

  第一节 优化高校体育教学目标 ···063

  第二节 优化高校体育教学内容 ···071

  第三节 优化高校体育教学方法 ···082

  第四节 优化高校体育教学管理 ···090

  第五节 优化高校体育教学评价 ···100

第四章 高校体育教学创新性模式探索 ·····························109

  第一节 程序教学模式 ···109

  第二节 俱乐部教学模式 ··119

  第三节 快乐体育教学模式 ··131

  第四节 运动处方教学模式 ··141

  第五节 "双向主体能动式"教学模式 ·····································151

第五章 现代技术赋能高校教育体育教学模式的创新·············160
　第一节　现代教育技术概述 ····················160
　第二节　现代教育技术在高校体育教学中的应用 ············172
　第三节　基于现代教育技术的高校体育创新性教学模式 ········188

第六章 教师发展推动高校体育教学模式创新 ············199
　第一节　高校体育教师概述 ····················199
　第二节　教师发展对高校体育教学模式创新的推动作用 ········212
　第三节　影响高校体育教师发展的因素分析 ·············216
　第四节　高校体育教师专业化发展策略 ··············225

第七章 结论与展望 ·······················236
　第一节　研究结论 ·························236
　第二节　未来展望 ·························237

参考文献 ····························239

SPORTS

第一章　导论

第一节　体育的基础认识

一、体育的概念

体育的含义有狭义和广义之分。狭义的体育即身体教育，是通过身体活动增强体质，传授锻炼身体的知识、技能和技术，培养道德和意志品质的有目的、有计划的教育过程。它是教育的组成部分，是培养全面发展的人的一个重要方面。学校体育属于此范畴。

广义的体育则涵盖了更广泛的社会文化活动，也被称为体育运动。它是指以身体练习为基本手段，通过各种体育活动来增强体质、促进人的全面发展，丰富社会文化生活，促进精神文明建设的有意识、有组织的社会活动。广义的体育是社会总体文化的一部分，它的发展受到特定的社会政治和经济条件的制约，同时也为特定的社会政治和经济目标服务。本书所论述的体育属于狭义上的体育。

二、体育的功能

体育的功能是指体育对人类自身及社会的作用，它是在体育的生物效应和社会效应上衍生出来的，是动态的。一般来说，体育的功能可分为基本功能和派生功能。基本功能是体育本身固有的功能，任何一种形式的体育，都具有健身、教育和娱乐功能。所谓派生功能，是人们利用体育手段达到某种目的的功能，即通常所说的政治、经济、文化和社会功能。在此，本书主要介绍其基本功能。

（一）健身功能

强身健体是体育最主要的本质功能。人体是一个结构十分复杂并具有多种机能的有机体。人体是人的生命活动和生活能力的物质基础，它的质量是在遗传变异和后天获得的基础上表现出来的，体育以身体运动的方式给器官系统以一定强度和量的刺激，对其起到积极、有效的影响。

1.体育运动对神经系统的作用

体育运动是神经系统健康的重要推动力。运动可以刺激大脑中负责认知功能的区域，如记忆、学习和专注力等。这是因为运动可以提高血液流向大脑的速度，使更多的氧气和营养物质供应给大脑，进而提高神经细胞的活动能力。体育运动还能刺激神经生长因子的产生，有助于神经细胞的生长和修复。在精神层面，体育运动可以帮助释放内啡肽，这是一种自然的"快乐荷尔蒙"，能缓解压力、放松心情，进而提高人们的生活质量。

2.体育运动对心血管系统的作用

体育运动对心血管系统的健康有重大的影响。定期的有氧运动可以强化心肌，使心脏的收缩更有力，有助于血液更有效地流向全身。同时，运动能够降低血压，减轻心脏的负担，从而降低心脏疾病的风险。此外，运动还能降低血液中的"坏"胆固醇水平，提高"好"胆固醇水平，防止动脉硬化。在此基础上，体育运动还能帮助维持血管的弹性，防止血栓形成，从而进一步降低心血管疾病的风险。

3.体育运动对呼吸系统的作用

体育运动对呼吸系统的健康也有显著的影响。运动时，人们的呼吸频率会增加，这是为了满足体内更高的氧气需求。这种频繁的呼吸运动可以锻炼肺部和呼吸肌肉，使其功能更加强大。同时，运动能够提高肺部的血液流量，使肺部能够更有效地吸收氧气并排出二氧化碳。此外，体育运动还可以增加肺活量，这是衡量肺部健康的重要指标。

4. 体育运动对运动系统的作用

体育运动对运动系统也有深远的影响。运动系统包括骨骼、肌肉和关节，这些都能通过体育运动得到锻炼。首先，体育运动可以提高骨密度，预防骨质疏松。这是因为运动能够刺激骨细胞的新陈代谢，使骨骼更强健。其次，运动可以锻炼肌肉，提高肌肉的力量和耐力，帮助人们完成各种物理活动。再次，运动还能保持关节的灵活性，预防关节僵硬和疼痛。最后，体育运动还能帮助人们维持良好的体态，预防因体态不良导致的各种问题，如背痛和颈痛。

（二）教育功能

体育作为一种重要的教育工具和活动，具有多方面的教育功能。具体而言，主要体现在以下几个方面。

1. 培养团队合作意识

体育活动，尤其是团队运动，如足球、篮球等，非常重视团队合作。在这类活动中，每个参与者都必须扮演一个特定的角色，他们的成功往往依赖于彼此之间的合作和协调。这需要参与者学习如何在团队中发挥自己的优势，同时尊重和利用他人的能力。这种经验有助于培养团队合作意识，使个体容易理解个人的成功与团队的成功是相互关联的。

2. 培养竞争意识

体育活动中的竞争元素对于培养个体的竞争意识具有重要作用。在体育比赛中，个体不仅要面对对手的压力，还要面对自我超越的挑战。这种环境有利于个体发展出勇于竞争、坚持到底的精神，能够使他们在压力下保持清晰的思维，学会解决问题的技巧。此外，竞争也可以帮助个体理解成功和失败是生活的一部分，帮助他们建立正确的竞争观念，如尊重对手、公平竞争等。

3. 培养自信心和毅力

体育运动对培养个体的自信心和毅力有深远影响。在运动过程中，通过不断训练和挑战，个体的技能可以得到提升，完成目标的满足感也会增强个体的自信心。这种自我实现的过程，不仅促使个体对自己的能力有更准确的认识，还使他们相信自己有能力克服困难、实现目标。同时，在体育运动中难免会遭遇挫折和失败，但每次的失败都是成长的机会，通过反思和总结，个体可以从失败中吸取教训，培养出坚韧不拔的毅力。

4. 培养健康生活方式

体育活动是培养健康生活方式的有效途径。在运动中，个体可以直接体验到运动对身体健康的益处，例如，心肺功能的提升、肌肉骨骼系统的强化、身心的放松等。这些积极的体验会使他们认识到运动的重要性，激发他们积极参与运动的欲望。同时，体育活动也可以帮助学生养成良好的生活习惯，如适当的饮食、良好的睡眠、良好的休息和恢复，这些都是维持身体健康的重要组成部分。

5. 培养社交能力和人际关系

体育活动在培养个体的社交能力和人际关系方面起着重要的作用。首先，无论是团队运动还是个人运动，都需要个体与他人进行交流和互动，包括与队友的合作、与教练的沟通，甚至与观众的互动。这些都需要个体具备良好的沟通技巧，能够有效地表达自己的想法，理解他人的意图，处理好人际关系。其次，体育活动中的合作与竞争，可以让个体在实践中学习和理解人际关系的复杂性。例如，如何在竞争中保持公平和尊重，如何在团队中处理好个人利益与团队利益的关系，如何在困难面前支持和鼓励队友等。这些都是对人际关系的深入理解和实践，对于个体的社交能力和人际关系的培养有积极影响。

（三）娱乐功能

体育作为一种文化形式，具有重要的娱乐功能。就活动的主体所处的位置来划分，体育的娱乐功能有两种：一是观赏性的娱乐功能；二是直接参与性的娱乐功能。

1. 观赏性的娱乐功能

体育的观赏性娱乐功能主要体现在以下几个方面：审美享受、情感寄托、知识获取和社会交往。

（1）审美享受。体育活动往往具有很高的观赏性，特别是那些高难度技术、精湛组合、优美动作的展现，给人以极大的视觉冲击和审美享受。比如，体操、花样滑冰、舞蹈等运动的动作美、节奏美、组合美，往往让观众赞叹不已，能让观众获得极大的审美享受。

（2）情感寄托。观看体育比赛可以让人们寄托情感、表达情绪。无论是支持自己喜欢的队伍和运动员，还是感受比赛的紧张和激动，都可以使人的情感得到宣泄，尤其是在一些重大的体育赛事中，人们的喜怒哀乐、希望和失望，都可以通过观看比赛得到满足。

（3）知识获取。观看体育比赛也是获取知识、提升自我修养的重要方式。通过观看比赛，人们可以了解和学习各种运动技能、比赛规则、战术策略等，也可以了解一些健康理念、体育精神等。这些知识不仅有助于提高个人的体育素养，还有助于提升个人的综合素质。

（4）社会交往。体育比赛作为一种重要的社会活动，为人们提供了交流和交往的平台。人们在观看比赛的同时，可以交流观点，分享感受，增进友谊，拓宽社交圈子。这种社会交往的功能，使体育比赛成为人们社交生活的重要组成部分。

2. 直接参与性的娱乐功能

体育的直接参与性娱乐功能有多方面表现，包括身心愉悦、压力释放、社交互动和自我实现。

（1）身心愉悦。参与体育活动使人们能直接体验运动的乐趣，享受运动带来的身心愉悦。当人们投身于喜欢的运动中，全身心地享受每一个动作、每一次呼吸时，这种深度的参与会让人们忘记疲劳，感受到生活的活力和快乐。无论是个人独立进行的运动，如跑步、瑜伽、健身等，还是与他人一起进行的团队运动，如足球、篮球、排球等，都能使人在运动中体验挑战和超越自我的喜悦，体验团队合作和竞技的刺激，体验成功和进步的满足。

（2）压力释放。在快节奏的现代生活中，人们常常面临各种压力，而运动被认为是一种非常有效的减压方式。无论是通过剧烈的运动来释放压力，还是通过平静的运动如瑜伽、太极等来找到内心的平静，都能帮助人们舒缓压力、放松心情。这种压力的释放，让人们在运动中找到了心灵的宁静和满足，从而达到娱乐的目的。

（3）社交互动。参与体育活动还有助于社交。在运动中，人们可以结识新朋友，密切与老朋友的关系，建立团队的默契。这种社交不仅能增进人们的友谊，还能提供一个相互支持、鼓励的环境，使人们在享受运动乐趣的同时，享受社交的乐趣。

（4）自我实现。参与体育活动也是自我表达和自我认同的方式。在运动中，人们可以展现自己的技能和特长，表达自己的个性和态度。同时，通过挑战自我、实现目标，人们可以获得自我认同和自尊，这也是体育的直接参与性娱乐功能的一部分。

三、体育的类别

依据不同的标准，体育可分为不同的类别，本书采用常规的分类方法，将体育分为三种，如图1-1所示。

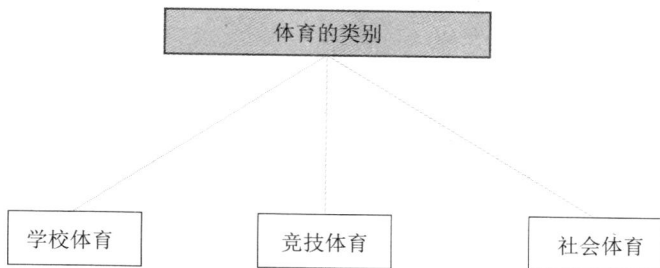

图 1-1　体育的类别

（一）学校体育

1. 学校体育的概念

学校体育是指在学校教育环境中进行的体育活动，它是学校教育的重要组成部分。学校体育旨在通过体育锻炼和体育教学，提高学生的身体素质，培养运动技能，同时通过体育活动促进学生的全面发展，包括身体、心理、社会等多个方面。

2. 学校体育的主要内容

学校体育的内容丰富多样，主要包括体育课程教学、课外体育活动和体育竞赛。体育课程教学是学校体育的主体，包括基础体育技能的训练、体育理论知识的学习等；课外体育活动则更加注重学生的实践参与，如学生体育社团活动、体育娱乐活动等；体育竞赛是提高学生竞技水平和竞赛经验的重要方式，包括校内外的各种体育比赛。

3. 学校体育的作用

学校体育的作用主要体现在健康促进、教育培养和社会适应三个方面。健康促进是指通过体育锻炼提高学生的身体素质，预防疾病，增强体质。教育培养是指通过体育教学和活动，培养学生的体育技能、体育精神和体育习惯，促进学生的全面发展。社会适应则是指通过体育活动，提高学生的社会交往能力和团队合作能力，以适应社会的需要。

（二）竞技体育

1. 竞技体育的概念

竞技体育是指以竞赛为主要形式，追求高水平运动技术和成绩的体育活动。它通常由专业运动员或者经过专门训练的业余运动员参与，其目标是在比赛中赢得胜利，创造最佳成绩。

2. 竞技体育的主要内容

竞技体育的主要内容包括各种体育比赛和训练。比赛是竞技体育的主要形式，包括各级别、各类别的体育赛事。训练是竞技体育的重要组成部分，通过系统训练，运动员可以提高运动技术，提升体能，提高比赛的竞争力。

3. 竞技体育的作用

竞技体育的作用主要体现在提高国家和民族的体育水平，提升国家形象，弘扬体育精神，推动体育科学和技术的发展，以及促进经济和社会的发展等方面。竞技体育也有助于增强人们的健康意识和运动习惯，增强社区凝聚力。

（三）社会体育

1. 社会体育的概念

社会体育是指在社会范围内开展的，以提高公众健康、提升生活质量、丰富文化生活为目标的体育活动。社会体育的开展形式多样，包括社区体育、健身房锻炼、户外运动、休闲体育等。

2. 社会体育的主要内容

社会体育包括各种形式的体育锻炼和体育活动，如跑步、游泳、瑜伽、球类运动等。社会体育也包括一些体育活动的组织和管理，如体育俱乐部的运营、体育赛事的组织等。

3. 社会体育的作用

社会体育的作用主要体现在提升公众健康水平、丰富文化生活、促进社区凝聚力和推动社会和谐等方面。通过参与社会体育活动，公众可以提高身体素质，预防疾病，同时可以提升心理健康水平，缓解压力，提升生活质量。另外，社会体育活动也有助于加强人与人之间的交往和联系，增强社区的凝聚力和活力，推动社会的和谐发展。

第二节　高校体育教学模式概述

一、高校体育教学模式的含义

高校体育教学模式可以被定义为一种特定的教学活动结构和框架，它基于特定的体育教学思想，在特定的教学环境下，以实现其特定功能为目标。它不是对已有的个别教学经验的简单呈现，而是对教学经验的概括和系统整理。它既能用来指导教学实践，也能为新的教学理论的诞生和发展提供支撑，起到理论与实践之间的桥梁作用。

高校体育教学是一个比较复杂的教学过程，与学习过程、游戏过程、训练过程等有密切关系。因此，高校体育教学模式必须反映认知的规律、身体锻炼的规律、技能形成的规律、竞赛规律等方面的特点。这些规律是体育教学过程中必须遵循的，高校体育教学模式就是在这些规律指导下，设计出的有效的教学活动结构和框架。

二、高校体育教学模式的特征

高校体育教学模式的特征突出体现在五个方面，如图1-2所示。

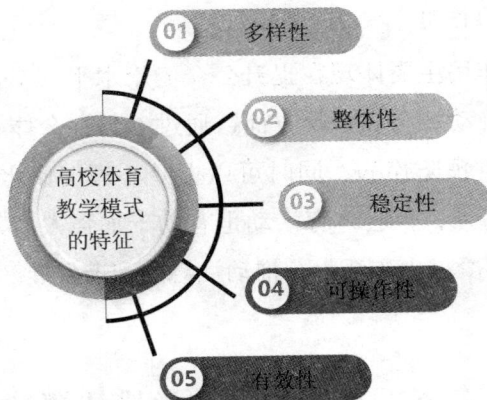

图 1-2　高校体育教学模式的特征

（一）多样性

多样性是高校体育教学模式的一个显著特点，它体现在教学内容的广泛性、教学方法的多元性、学习体验的丰富性和教学评估的综合性上。

在教学内容方面，体育教学不仅包括多种运动技能的训练，还涵盖运动规则、运动策略、运动生理、运动心理等多方面的知识。这些内容的丰富性可以满足学生的多样化学习需求，增强学习的趣味性和挑战性。

在教学方法方面，教师可以根据学生的学习特点和学习需求，灵活运用讲解、示范、实践、讨论、合作、反思等多种教学方法，让学生从不同的角度来理解和掌握体育知识和技能。

在学习体验方面，学生可以通过观察、模仿、实践、竞技、合作等多种方式，获得丰富多彩的体育学习体验，这可以促进其知识技能的学习和体育精神的培养。

在教学评估方面，教师可以综合运用技能测试、表现评价、自我评价、同伴评价等多种评价方法，全面准确地评估学生的学习效果，为教学改进提供反馈信息。

（二）整体性

整体性是高校体育教学模式的另一个重要特点，它体现在教学目标的全面性、教学活动的连贯性、学习过程的完整性和教学评估的系统性上。

在教学目标方面，整体性要求人们从全面的角度出发，不仅关注学生运动技能和知识水平的提升，还关注他们的身心健康、情感态度、道德素养、社会技能等。这意味着体育教学不仅是传授运动技能和知识的过程，还是引导学生健康成长、形成良好生活习惯、培养良好品格、提高社会适应能力的过程。

在教学活动方面，整体性要求教学活动有明确的目标、合理的结构和连贯的过程，以形成一个整体的教学活动链条。这意味着每一个教学活动都应该从教学目标出发，通过明确的教学步骤和方法，引导学生完成学习任务，最终实现教学目标。

在学习过程方面，整体性强调学习是一个连续不断、互相影响的整体过程，学生在这个过程中不仅要掌握知识和技能，还要培养情感态度、价值观念和人际交往等全方位的能力。这就要求教师在教学过程中，既要关注学生的学习成果，也要关注他们的学习过程、认知发展和情感体验。

在教学评估方面，评估不仅要关注学生的知识和技能掌握情况，还要关注他们的情感态度、价值观念和人际交往等全方位的发展情况。这就要求教师采用系统性的评估方法，如综合评价、过程评价、自我评价和同伴评价等，全面准确地评估学生的学习效果，以提供全面的反馈信息，为教学改进和学生自我发展提供依据。

（三）稳定性

在讨论高校体育教学模式的稳定性特征时，可以从宏观和微观的角度切入。

在宏观层面，高校体育教学模式的稳定性表现为对教育理念的坚持，以及对社会体育发展趋势的持续跟进。无论是面对新的教育理念、新的教学方法，还是面对新的社会体育需求，高校体育教学始终能在保持其本身的稳定性的同时，做出适应性调整和回应，这就是其稳定性的宏观体现。

在微观层面，高校体育教学模式的稳定性表现在教学过程的细节上，如教学互动、教学反馈等。在教学过程中，无论是教师与学生的互动，还是教学反馈的收集和分析，都需要一个稳定的环境和过程。这种稳定性不仅可以保证教学过程的顺利进行，还可以提高教学效果，增强学生的学习体验。此外，稳定性特征还体现在教学资源的分配与利用上。高校体育教学通常需要大量的物质资源，如体育场地、器材等，以及人力资源，如教师、教练等，在资源的分配和利用上，高校体育教学始终能保持一种稳定的规律和模式，使得资源得到最优化的利用。

（四）可操作性

高校体育教学模式的可操作性强调的是模式在实际运用中的可行性、便捷性以及实施的易行性。这种特征是教学模式真正落地并在实际教学中产生效果的关键因素。换句话说，一个好的教学模式不仅需要有理论的支撑，还需要在实践中能够顺利执行，适应教学环境的变化，并能根据学生的反馈和教学的实际效果进行调整。

首先，可操作性体现在教学策略的选择上。体育教学中的策略多种多样，包括讲解示范、实战演练、团队协作、个人反思等。在这个基础上，教师需要根据具体的教学内容、学生的学习特点、教学环境等因素，灵活选择和组合各种教学策略，以形成具有可操作性的教学模式。

其次，可操作性还体现在教学评估的设计上。在体育教学中，如何准确公正地评估学生的学习成效，是教学质量管理的重要环节。因此，教学模式需要设计出具有可操作性的评估标准和评估方法，如技能测试、表现观察、自我评价、同伴评价等，以实现教学目标的有效评估。

最后，可操作性还体现在教学模式的调整和改进上。由于教学环境和学生的学习状态是动态变化的，因此，教学模式需要具有一定的灵活性，能够根据实际情况进行调整和改进。这种调整和改进可能涉及教学策略、教学方法、教学评估等多个环节，需要教师具有较强的教学能力和教学经验。

（五）有效性

有效性是高校体育教学模式的关键特性，体现为它是否能够实现既定的教学目标，提升学生的运动技能，培养学生的健康生活习惯，以及塑造积极的体育精神等。这是衡量教学模式价值的基本标准。

实现教学目标是教学模式有效性的核心。这意味着模式能够帮助学生掌握所学的运动技能，理解和运用体育规则，以及形成正确的运动习惯。此外，一个有效的体育教学模式还应关注个体差异，能够适应不同学生的学习需求和能力差异，以通过个性化的教学方法帮助他们达成学习目标。

提升学生的运动技能是体育教学模式有效性的重要指标。运动技能包括基本的运动技巧、战术理解和应用，以及运动的自我调节等。一个有效的教学模式应该注重技能的训练，让学生在反复实践中提高技能水平。

培养学生的健康生活习惯是体育教学模式有效性的长期目标。健康的生活习惯包括定期运动、健康饮食、充足睡眠等。一个有效的体育教学模式应该注重健康教育，让学生认识到运动的重要性，养成健康的生活习惯。

塑造积极的体育精神是体育教学模式有效性的精神层面。体育精神包括公平竞争、团队合作、持之以恒等。一个有效的教学模式应该注重精神教育，让学生在运动中体验成功和挫折，磨炼意志，培养积极的体育精神。

三、高校体育教学模式的功能

（一）理论指导功能

高校体育教学模式的首要功能是理论指导功能。这一功能主要体现在以下几个方面。

1. 理论指导在体育教学中为学生提供了知识框架

理论指导的首要任务在于为学生构建体育知识的框架，该框架是学生理解、探索和运用体育知识的基础。在体育教学中，理论知识涵盖的广泛且深入的领域，包括运动生理学、运动生物力学、体育心理学、体育史、体育管理等。这些学科对于理解人体在运动中的生理机能、提升运动性能、塑造健康的体育精神等都有至关重要的作用。

比如，运动生理学知识为学生揭示了人体在运动中的生理变化，使他们理解了不同的运动方式、强度、时间等因素对身体的影响，从而能够合理制定运动计划，防止运动伤害。运动生物力学知识能让学生了解运动技术背后的力学原理，使他们在学习新的运动技能时能更快速、更精准地掌握，避免无效努力。体育心理学知识则能帮助学生理解并应对运动过程中可能出现的心理压力，如比赛焦虑、失败挫折等，从而提升他们的心理素质，增强运动表现。

理论知识的学习也为学生提供了思考和研究体育问题的工具。学生通过理论学习可以从宏观和微观、主观和客观、历史和现实等多个角度去理解和探究体育现象，训练他们的批判性思维并提高他们解决问题的能力。这一过程不仅为学生提供了深入理解体育运动的平台，还为他们的个人发展提供了支持。

2. 理论指导可以帮助学生形成正确的运动观念和态度

在高校体育教学模式中，理论指导功能不仅包括传授体育科学知识，还包括塑造学生的运动观念和态度。学生在理论学习中接触到体育运动的价值观、道德规范和精神内涵，如公平竞争、团队合作、坚韧不拔等，从而建立起健康、积极的运动观念和态度。

体育运动的价值观和道德规范不仅指导学生如何在体育场上表现，还教育他们如何在生活中表现。公平竞争的原则可以让学生明白每个人都应该在同等条件下发挥，无论在体育还是在生活中，公平公正的原则都是必须遵守的。团队合作的精神可以帮助学生认识个体与集体、个人目标与团队目标的关系，学会在追求个人发展的同时为团队做出贡献。坚韧不拔的精神可以让学生明白成功并不是容易获得的，无论面对何种困难和挫折，都需要有毅力和决心去面对和克服。

这些运动观念和态度的培养，不仅提升了学生的体育素质，还为他们的人格发展和社会适应提供了重要的支持，并教会学生如何与人相处，如何处理问题，如何面对挫折，使学生在体育活动中不仅训练了运动技能，还得到了人生的智慧。

3. 理论指导为实践活动提供了指南

体育教学中的理论指导功能还体现在为实践活动提供指南上。理论知识是实践活动的导向，为学生的实践活动提供了明确的方向，可以帮助他们明确目标，理解方法，识别并解决问题。

例如，运动生理学的知识可以帮助学生了解不同运动方式对身体的影响，从而制定合理的运动计划；运动生物力学的知识可以帮助学生掌握运动技术的科学原理，提升运动性能；体育心理学的知识可以帮助学生应对运动过程中可能出现的心理压力，提升心理素质。

在实践活动中，学生可以将理论知识转化为实际的运动技能，同时，他们可以从实践中发现问题，运用理论知识去分析和解决问题。这样的学习过程，既使学生提高了实践能力，也使他们更深入地理解了理论知识。

（二）实践指导功能

实践指导功能是高校体育教学模式的另一个重要功能，主要体现在以下几个方面。

1. 提高身体素质和运动技能

实践教学不仅是学生学习理论知识的重要方式，还是他们提高身体素质和运动技能的关键途径。在体育教学实践活动中，教师会根据学生的身体状况和技能水平，有针对性地设计和安排各种体育活动，如体能训练、技能训练等。这些活动能够帮助学生增强体质，提高运动技能，同时让他们在实践中建立和巩固良好的运动习惯。例如，定期的长跑训练可以有效地提升学生的心肺功能和耐力，而羽毛球和篮球训练则有利于提高学生的反应速度和协调性。这些训练旨在帮助学生全面提高体育素质，以提高他们的身体素质和运动技能。

2. 提供实际体验和心理素质的培养

实践教学除了帮助学生提高身体素质和运动技能外，还可以提供实际的体验场所，让学生在实践中体验成功和挫折，从而培养他们解决问题的能力和韧性。实践教学不仅关注技术技能的训练，还通过体验和反思，培养学生的心理素质和挫折忍受能力。例如，团队运动如篮球、足球等，不仅需要学生具备良好的运动技能，还需要他们理解和掌握团队协作的重要性。在比赛中，学生可能会体验到共同努力后的成功，也可能会面对挫折和失败。这些实际体验有助于他们学会从挫折中振作，培养出坚韧不拔的精神和积极向上的态度。同时，这种实践教学可以帮助学生学会如何解决问题，如何有效地面对压力，从而提高他们的应变能力和韧性。

3. 培养创新意识和能力

在体育实践中，教师鼓励学生尝试和探索新的运动方式，创新运动方法，从而培养他们的创新意识和能力。在此过程中，学生不仅有机会运用他们在理论课程中学习的知识，还有可能通过实践找出新的解决问题的方法，甚至发现新的运动策略。例如，在篮球训练中，教师可以鼓励学生尝试不同的传球和投篮技巧，这样不仅能提高他们的运动技能，还能激发他们的创新精神和创新能力。体育实践活动为学生提供了一个实际的平台，让他们能够大胆尝试、敢于创新，从而锻炼和提高他们的创新能力。

第三节　高校体育教学模式创新的意义

一、促进学生全面发展

高校体育教学模式的创新对于促进学生全面发展具有极其重要的意义。现代教育理念强调学生的全面发展，包括身体、情感、社会和认知等多方面。在这个背景下，体育教学模式的创新就显得尤为重要。

从身体层面来看，体育教学模式的创新可以增强学生的体质和提高其运动技能。体育教学模式创新通常会引入新的运动项目和训练方法，这些新的元素可以帮助学生获得更全面、更多样化的体育技能，并能提高他们的体能水平。例如，引入户外探险、舞蹈健身等新的体育项目，可以让学生在享受运动乐趣的同时，全面提升身体素质。

在情感层面，体育教学模式的创新可以帮助学生形成积极的情绪态度，增强他们的心理韧性。例如，团队竞技项目的引入，可能让学生在竞赛中体验到成功的喜悦，也可能会让他们面对失败和挫折，学习从失败中吸取经验，可以增强他们的心理韧性。此外，体育教学的过程也是情绪表达的过程，体育活动的乐趣可以帮助学生释放压力，保持积极的情绪状态。

在社会层面，体育教学模式的创新有助于培养学生的团队协作能力和社会交往能力。许多体育项目都需要团队协作，学生在参与这些项目的过程中，不仅可以学习到团队协作的重要性，还可以提高自己的沟通协调能力。例如，篮球、足球等团队项目，都需要队员之间密切配合、有效沟通，这种经历可以帮助学生提高社会交往能力。

在认知层面，体育教学模式的创新可以提高学生的思维能力，特别是创新思维能力。例如，当教师引入新的体育项目或训练方法时，学生需要理解和掌握这些新的知识和技能，这一过程会激发学生的思维活力，培养他们解决问题的能力。此外，体育教学模式的创新会引导学生从不同的角度和层面来理解和思考体育运动，这有助于培养他们的多元思维和创新思维。比如，采用案例分析的教学模式，让学生从多角度研究一个体育事件或现象，这就需要他们具备批判性和创新性思维。

总之，体育教学模式的创新有助于推动学生在身体、情感、社会和认知等多方面全面发展，使学生形成健康的体魄、稳定的情绪状态、良好的社会交往能力，以及丰富的思维能力。这是符合现代教育理念的，也是体育教学的最终目标。

二、提升教师的综合素养

与传统的、以技能教授为主的教学模式不同，新的教学模式更加注重培养学生的全面能力，激发学生的学习兴趣，也为教师的职业发展带来了新的机遇。在这一过程中，教师的综合素养的提升显得尤为重要，这包括专业知识的更新和深化、教学技能的提升、沟通和互动能力的提高，以及创新能力的提高。

（一）专业知识的更新和深化

在教育的海洋中，教师是引领学生航行的舵手。这个比喻清晰地描绘了教师在教育过程中的重要性。对于体育教师而言，他们的专业知识就是驾驭这艘航船的重要工具。在体育教学模式不断创新的今天，专业知识的更新和深化变得更加重要。

面对日新月异的体育领域，体育教师需保持对新兴体育项目、训练方法的敏锐洞察力。新兴的运动项目如电竞运动、户外探险等已经进入大众视野，对学生群体有广泛的吸引力。掌握并敏感于这些新兴项目的发展趋势，能让体育教师在教学中更具时代感，更易引发学生的兴趣，从而提高教学效果。与此同时，体育教师需要熟悉并掌握新的训练方法，如高强度间歇训练（HIIT）和功能性训练等，以便能将它们融入教学中。[①]通过这些新颖且有效的训练方法，体育教师不仅可以提升学生的体能素质，还能够激发他们对体育活动的热爱。

在体育理论知识方面，新的科研成果和理论对于教师的教学也有重要的指导意义。例如，关于运动损伤预防、运动营养、心理调适等领域的最新研究成果，都可以让体育教师更科学、更全面地指导学生。这些理论知识的更新，使教师在面对学生的问题时，可以从多角度、多维度出发，提供最贴切的解答。

（二）教学技能的提升

在新的教学模式中，教师不只是知识的传递者，还是引导者和协助者，帮助学生探索知识，以培养其自主学习和思考的能力。这种变化对教师的教学技能提出了更高的要求，教师需要掌握更多元的教学方法。情境教学法、项目教学法、问题导向教学法等都是非常有效的教学方法。这些方法强调学生的主体性，鼓励学生积极参与，以实际操作和问题解决为主，教师主要扮演指导和协助的角色。教师掌握并娴熟运用这些教学方法，可以让体育教学更加生动有趣，更具吸引力。

创新的体育教学模式也对教师的评估能力提出了新的要求。传统的教学评估方式往往注重结果，忽视过程。而现在，更多的教育专家和教师开始意识到过程评估的重要性。过程评估不仅可以帮助教师了解学生

---

① 贺道远，宋经保.运动健身理论与方法[M].武汉：武汉大学出版社，2018：59.

的学习过程，调整教学策略，还能够帮助学生了解自己的学习情况，提高自主学习能力。因此，教师需要掌握和运用各种评估工具和技术，进行有效的过程评估。

此外，教师还需要提高自己的信息技术应用能力。在数字化的今天，信息技术在教学中的应用越来越广泛。教师需要掌握各种教学技术和工具，如教学管理系统、在线教育平台、虚拟现实技术等，以便进行高效的教学活动。教师还需要了解和利用各种数字资源，如电子图书、在线课程、互动教学软件等，以丰富教学内容，提高教学质量。

（三）沟通和互动能力的提高

创新性的体育教学模式，如协作学习和探究式学习，鼓励学生参与并积极表达他们的观点和想法。在这个过程中，教师需要担任有效的沟通者和协调者的角色，帮助学生厘清观点，引导讨论，以及解决可能出现的冲突。通过这样的互动，教师的沟通技巧会得到锻炼和提升。此外，新的教学模式鼓励教师与家长、同事和社区成员进行更多的沟通和协作。比如，教师可能需要向家长解释新的教学方法和目标，听取他们的意见，并与他们合作以支持学生的学习。在与同事的交流中，教师可以互相分享经验，并共同解决教学中遇到的问题。这些互动不仅有利于教师建立更广泛的专业网络，还有助于提高他们协作和沟通的能力。

（四）创新能力的提高

体育教学模式的创新在很大程度上要求教师具备出色的创新能力。这种创新不仅体现在对教学方法和技术的应用上，还体现在对教育目标、教学理念和教育方式的创新思考上。

在现代体育教学模式中，以学生为中心的理念被广泛接受。为了满足不同学生的需求，教师需要在教学过程中灵活创新，调整教学方法。比如，在技能教学中，教师可以设计丰富多样的教学活动，如团队竞赛、角色扮演等，既能让学生在实践中学习，又能增加课堂的趣味性。同时，教师需要根据学生的反馈及时调整教学方法和内容，以提高教学效果。

在课程设计方面，教师的创新能力也至关重要。传统的体育课程往往将重点放在技能的教学上，而创新性的体育教学模式更强调全面的体育素养，包括健康知识、运动习惯、团队合作等。为了实现这些教育目标，教师需要创新课程内容和教学方式。例如，教师可以设计一些跨学科的体育项目，让学生在实践中学习健康知识，或者组织一些团队活动，以培养学生的合作精神。

科技的快速发展也为体育教学模式的创新提供了更多可能性。例如，虚拟现实（VR）技术可被用于模拟各种体育场景，使学生能在虚拟环境中体验和学习体育技能。而人工智能（AI）则可以提供个性化的学习建议，帮助教师更好地理解和满足每个学生的需求。在不断接触这些新的技术的过程中，教师传统的教学思维会得到改变，进而促进其创新能力的发展。

三、提高体育教学质量

体育教学模式的创新对于提高体育教学质量具有重要作用，这主要体现在以下几个方面。

（一）适应学生的个体差异

体育教学的创新模式在适应学生的个体差异方面发挥着重要作用。每个学生在运动技能、身体素质、兴趣爱好和学习方式上都存在差异，传统的、固定的教学模式往往无法满足所有学生的需求，而创新的教学模式更加注重个性化教学和差异化教学，这对于提高教学质量具有重要作用。

个性化教学根据学生的差异提供个别化的学习计划和教学方法。通过评估学生的运动技能水平和身体素质，教师可以为每个学生量身定制适合他的学习路径。对于技能较高的学生，可以提供更高难度的训练和挑战；对于技能较低的学生，可以提供更多的辅导和指导。此外，个性化教学还应根据学生的兴趣爱好设计教学内容，激发他们的学习兴趣。

差异化教学针对学生不同的学习方式和学习需求提供多样化的教学策略。有的学生更适合视觉学习，有的学生更适合听觉学习，教师应根据学生的学习偏好选择合适的教学方法。例如，通过多媒体展示、示范演示、互动讨论等不同的方式来教授运动技能，可以满足学生不同的学习需求。

（二）提高学生的学习积极性和主动性

创新的体育教学模式注重激发和引导学生的学习兴趣，以提高他们的学习积极性和主动性，进而促进教学质量的提高。以学生为中心的教学模式是一种能够提高学生学习积极性和主动性的创新方法。在这种模式下，学生处于学习的主体地位，教师不再是单纯的知识传授者，而是学生学习的引导者。以学生为中心的教学模式强调学生的自主学习和自主发展能力，通过启发式的提问、情境设计和问题解决等方式激发学生的思维和好奇心，以及自我学习和探索的动力。

创新的体育教学模式还可以运用科技手段来提高学生的学习积极性和主动性。例如，利用智能设备和虚拟现实技术，可以为学生提供身临其境的体验，增加他们的参与感和体验感。通过应用程序和在线平台，学生可以随时随地获取学习资源和进行互动交流，这可以促进学习的连续性和个性化。

（三）增强实践性和体验性

创新的体育教学模式强调实践性和体验性，通过实际操作和亲身体验可以提高学生的学习效果和兴趣。实践性教学是指将理论知识与实际运动相结合，让学生亲身参与体育活动。传统的体育教学往往侧重于理论知识的传授，学生只是被动地作为接受者。而实践性教学强调学生的主动参与和实际操作，让他们亲自动手去实践和运动，从中体验和掌握相关技能。通过实践性教学，学生能够更深入地理解运动规律和技术要点，提高运动技能的掌握程度。

体验性教学是通过丰富的体验活动来提高学生的学习效果和兴趣。体育教学可以设计各种有趣的活动，例如游戏化学习、团队合作项目、户外探险等，让学生在活动中体验运动的乐趣和挑战。这不仅可以激发学生的学习热情，还可以培养他们的合作精神、领导能力和问题解决能力。通过丰富多样的体验活动，学生能够更全面地发展自己的身体素质和综合素养。

（四）提升教师的综合素养

体育教学模式的创新有助于提升教师的综合素养，进而促进教学质量的提高。相关内容本书在前面已有论述，在此便不再赘述。

四、适应社会发展需求

在全球化和信息化的今天，社会对人才的需求也在不断改变。高校体育教学模式创新的重要性在于，它能够更好地适应社会的发展需求，培养出更符合时代需求的人才。

（一）健康观念的推广

在现代社会，健康问题日益受到重视，人们对身心健康有了更深的认识。高校体育教学模式创新，强调全面健康教育，旨在帮助学生建立正确的健康观念，养成良好的运动习惯，以适应社会对健康人才的需求。例如，通过健康课程、健康讲座等方式，引导学生了解身体健康、心理健康、营养健康等多方面的知识，提高他们的健康素养。

（二）全面素质的提升

社会对人才的需求已经从单一的专业技能转向全面的素质能力，包括团队协作能力、沟通交流能力、创新思维能力等。高校体育教学模式创新，以学生为中心，强调学生的主动参与和实践体验，能够有效提升学生的全面素质。例如，通过团队竞赛、角色扮演等活动，培养学生的团队合作精神和领导能力；通过讨论、展示等方式，提高学生的表达和沟通能力；通过探究式学习，激发学生的创新思维。

（三）社会责任感的培养

作为未来社会的主体，高校学生需要有强烈的社会责任感。高校体育教学模式创新，通过全民健身、社区服务等社会实践活动，培养学生的社会责任感。例如，学生可以在社区开展健身指导活动，帮助社区居民提高健康素养；也可以在体育赛事中担任志愿者，服务社区和社会。

（四）国际视野的拓展

随着全球化的进程加速，国际交流和合作日益频繁，具有国际视野的人才越来越受到社会的青睐。高校体育教学模式创新，强调国际交流和合作，旨在培养具有国际视野的人才。例如，可以邀请国外专家教授来校讲学，让学生接触和了解国际最新的体育理论和实践；也可以通过海外学习、国际比赛等方式，让学生直接参与国际交流，拓宽他们的国际视野。

（五）终身学习的习惯培养

在知识更新速度很快的今天，终身学习已经成为社会发展的需要。高校体育教学模式创新，通过激发学生的学习兴趣，培养他们主动学习的习惯，从而适应社会对终身学习者的需求。例如，通过探究式学习、项目式学习等方式，让学生在解决问题的过程中自主学习，体验到学习的乐趣；通过建立个人学习档案，引导学生自我反思，形成自我学习和进步的良好习惯。

第四节 高校体育教学模式创新的原则

一、以学生为中心原则

以学生为中心原则，是高等体育教学模式创新的核心原则。其理念主张将学生置于教育活动的核心，强调以学生的需求、兴趣和全面发展为出发点和落脚点的教学活动设计和实施。在具体的教学活动中，这一原则的贯彻表现在以下几个方面。

（一）尊重学生的个体差异

每个学生都有独特的身体素质、性格特点、学习能力和兴趣偏好，因此，教学模式创新应考虑到这些因素，以适应不同学生的学习需求。比如，对于体能较好的学生，可以适当提高训练强度和技术难度，挑战他们的极限；对于体能稍弱或对某项体育活动兴趣浓厚的学生，可以提供更多的个人化训练和指导，帮助他们提升技能和信心。

（二）强调学生的主体性

在教学活动中，学生不应被动地接受知识和技能的灌输，而应积极参与教学活动，通过实践、探索和创新来获取知识和技能。教师的角色也由传统的知识传授者转变为学习的引导者和辅助者。例如，教师可以组织各种形式的体育比赛，让学生在比赛中体验成功和失败，学习团队合作和竞争规则，从而提升自己的体育技能和精神素质。

（三）注重学生的全面发展

体育教学不仅要考虑学生的身体健康和技能提升，还要关注他们的心理健康、道德素养和社会技能的培养。例如，体育教学可以培养学生的团队精神、公平竞争意识、自我挑战意识等，帮助他们树立健康的人生观和价值观。

二、灵活性原则

灵活性原则是高等体育教学模式创新的重要原则之一，它强调教学模式应有足够的灵活性，能够根据不同的学生、不同的教学内容和不同的教学环境进行有效的调整。这一原则的具体体现主要包括以下几个方面。

（一）教学内容的灵活性

在体育教学中，教学内容是教学活动的基础和核心，不同的教学内容需要采用不同的教学方法和策略。例如，在教授篮球投篮技术时，可以采用演示—模仿—练习的教学方法；而在教授足球守门技术时，可能需要更多的实战模拟和个别指导。因此，教学模式创新应考虑到教学内容的特点和需求，灵活选择和调整教学方法。

（二）教学方法的灵活性

灵活性原则强调教学方法的多样性和开放性，鼓励教师根据学生的学习需求和教学目标，灵活选择和设计教学方法。例如，对于初学者，教师可以采用直接教学法，通过示范和讲解来教授技术和规则；对于有一定基础的学生，教师可以采用探究式教学法，通过问题引导和小组讨论，让学生进行自我学习和探索。

（三）教学评价的灵活性

传统的教学评价主要依赖于测试和考试，这种方式往往忽视了学生的个体差异和学习过程。灵活性原则要求在教学评价中，教师既要考虑学生的技能掌握程度，也要关注他们的学习态度、团队合作能力、创新思维能力等。同时，教学评价不应局限于单一的形式，而应结合各种方式，如观察记录、自我评价、同伴评价、教师评价等，以全面、真实地反映学生的学习情况。

三、实践性原则

实践性原则在体育教学模式创新中占有极其重要的地位，因为体育本身就是一种实践活动，其核心在于动作和技能的实际操作。实践性原则主张以实践为基础进行教学活动，让学生通过实际的体育活动来学习和掌握体育技能，体验体育的乐趣，培养体育精神。以下是实践性原则的几个主要体现。

（一）技能学习与实践

这是实践性原则的核心表现。在体育教学中，学生通过实际操作来学习和掌握体育技能是至关重要的。比如，学习篮球，学生需要亲自上场运球、传球和投篮，通过实践来熟悉和掌握这些技能。教师可以通过设计各种实践活动，如技能训练、比赛等，引导学生实践体育技能。这种以实践为基础的学习方式不仅能够帮助学生更好地理解和掌握体育技能，还能够提高学生的学习兴趣和动力。

（二）体验与感知

实践性原则不仅涉及技能学习，还涉及体验和感知。体育活动是一种直接的、感性的体验，学生通过实践活动，可以直接体验运动的乐趣，感知身体的变化，体验团队合作的过程，体验胜利的喜悦或失败的悲伤。这些体验和感知对于学生的身心发展都有积极的影响。教师可以通过组织各种体育活动，如户外探索、运动会等，让学生有更多的机会去体验和感知。

（三）价值观与精神的塑造

实践性原则还关系到价值观和精神的塑造。体育活动是一种社会实践，是一种社会规则、价值观和精神的具体体现。通过实践活动，学生可以学习和理解这些规则和价值观，如公平竞争、尊重对手、团队合作、坚韧不拔等，从而塑造积极的价值观和精神品质。教师可以通过实践活动，引导学生思考和体验这些规则和价值观，从而培养他们良好的道德品质和精神素质。

（四）自我探索与创新

实践性原则也鼓励学生进行自我探索和创新。在体育实践中，学生可以尝试不同的方法和策略，发现自己的优势和劣势，找到最适合自己的方式，从而实现自我提升。同时，学生可以在实践中发现问题、思考解决方案，并在尝试和调整中提高自己的创新能力和问题解决能力。教师可以通过设置开放性的实践任务，鼓励学生进行自我探索和创新。

四、科学性原则

科学性原则是体育教学模式创新的重要指导原则。它主张以科学理论和研究为指导，遵循人体生理和心理发展的规律，避免盲目尝试和复制。这一原则的具体体现在如下几个方面。

（一）科学理论的指导

科学理论是教学活动的理论基础，也是教学模式创新的源泉。例如，运动生理学、运动心理学、教育学等科学理论，为人们理解运动过程、优化教学方法、提高教学效果提供了重要的理论指导。因此，体育教学应积极运用科学理论，以科学的视角和方法来设计和实施教学活动。

（二）科学研究的支持

科学研究是推动教学模式创新的重要途径。通过科学研究，人们可以了解最新的教学理念、教学方法、教学技术等，它们为教学模式创新提供了有力的支持。同时，科学研究可以帮助人们反思和评价教学活动，找出问题，改进方法，提高效果。因此，体育教学应积极开展科学研究，以科学研究的结果为依据，进行教学模式创新。

（三）人体生理和心理发展的规律

人体生理和心理发展的规律是决定体育技能学习效果的重要因素。例如，对于不同年龄段的学生，由于生理和心理发展的不同，其学习能力、学习方式、学习兴趣也有所不同，因此，教学活动应考虑这些因素，以适应学生的发展需求。此外，体育教学也应注意避免过度训练和伤害，以保护学生的身体健康。因此，体育教学应遵循人体生理和心理发展的规律，科学地设计和实施教学活动。

五、开放性原则

开放性原则在体育教学模式创新中起到了重要的作用。它主张教学模式创新应具有开放性，能够接纳和借鉴其他领域的先进理念和方法，同时应鼓励教师和学生的创新思维。这一原则的具体体现在以下几个方面。

（一）教学理念的开放性

随着社会的进步和发展，教育理念也在不断更新和变革。例如，从以教师为中心的传统教学模式，转变为以学生为中心的现代教学模式；从重视知识传授的单向教学，转变为强调能力培养的双向教学；从侧重个体学习的孤立教学，转变为注重团队合作的协作教学。这些新的教育理念为体育教学提供了新的视角和思路，有助于人们打破传统的束缚，开放思维，创新模式。

（二）教学方法的开放性

在教学方法上，开放性原则鼓励教师借鉴和引入其他领域的先进方法和技术。例如，运用信息技术进行网络教学，提高教学效率和质量；运用游戏化教学方法，激发学生的学习兴趣和动力；运用案例教学方法，培养学生的实际操作能力和解决问题的能力等。这些新的教学方法为体育教学带来了新的可能和机遇，有助于人们突破传统的限制，开放视野，创新实践。

（三）教学内容的开放性

在体育教学内容的设置上，开放性原则也有重要的表现。教学内容的开放性意味着人们需要摒弃单一固定的课程设置，接纳多元化、跨领域的知识和技能的引入。这种开放性不仅体现在技能的传授上，还体现在对学生兴趣、潜力、个性的尊重与满足上。一方面，教学内容应该满足多元化的需求。这就需要教师从传统的体育教学内容中走出来，例如篮球、排球、跑步等，引入更多的新兴体育项目，如瑜伽、爬山、划船等。这些新兴的体育项目不仅能够丰富学生的体育经验，还能够更好地激发学生的学习兴趣，满足学生的个性化需求。另一方面，教学内容应该接纳跨领域的知识和技能。例如，可以将生物、心理、社会等相关知识融入体育教学中，让学生在学习体育技能的同时，能够理解和掌握这些知识，从而提高学生的综合素质。此外，也可以将团队协作、领导力、沟通能力等社会技能引入体育教学中，通过实践活动培养学生的这些技能，从而使其更好地适应社会的需求。

六、可持续性原则

可持续性原则在体育教学模式创新中占有关键的位置。这个原则主张人们在进行教学模式创新的时候，不仅要考虑当前的教学需求，还要预见未来的发展趋势，以保证教学模式的长期有效性和适应性。以下是这个原则的一些主要体现。

（一）长远规划

实现可持续性的教学模式创新，一定离不开长远规划。长远规划不仅是对未来的展望，还是对未来的深思熟虑和精心设计。具体来说，长远规划需要教师从全局和长远的角度考虑教学模式的方向和目标，需要对教育的发展趋势、学生的需求变化、社会的需求变化等有深入的了解和预见。这就需要教师对教育领域的前沿动态保持敏感，对社会变迁和学生需求的变化保持敏锐的洞察力。例如，信息技术的快速发展对教学方式产生了深远影响，人们需要思考如何在新的教学模式中融入信息技术，使教学效率更高且更具针对性；多元化和个性化学习的趋势也需要人们重新思考教学模式，考虑如何在教学中尊重和满足每个学生的个性需求。

（二）持续的学习和反馈

可持续性的教学模式创新需要建立持续的学习和反馈机制，以便人们持续地改进教学模式并适应新的教学需求。首先，持续的学习意味着人们需要不断学习新的教育理念、教学方法和技术，以便及时更新和优化教学模式。其次，持续的反馈意味着人们需要定期收集和分析教学效果的反馈信息，包括学生的学习成绩、学生的满意度、教师的教学评价等。通过反馈，人们可以了解教学模式的优点和不足，以便进行针对性的改进。此外，持续的反馈也可以帮助人们及时发现和解决教学过程中的问题，提高教学质量。例如，人们可以通过数据分析来了解教学模式对学生学习成绩的影响，通过学生反馈来了解学生对教学模式的接受度和满意度，通过教师反馈来了解教学模式的实施效果和存在的问题。

（三）资源的有效利用

可持续性的教学模式创新需要充分考虑资源的有效利用，包括物质资源、人力资源、时间资源等。对于物质资源，人们需要考虑如何利用现有的设施和设备，如何引入新的教学技术和工具，如何合理配置和使用教学资源等。对于人力资源，人们需要考虑如何提高教师的教学效率和质量，如何利用专业的教师团队，如何培养和激发学生的学习积极性等。对于时间资源，人们需要考虑如何合理安排教学时间，如何提高教学效率，如何保证学生有足够的时间进行深度学习等。这些都需要人们在教学模式创新中深思熟虑和精心设计。

（四）持续的教师专业发展

为了实现可持续性的教学模式创新，人们还需要关注教师的持续专业发展。教师的专业知识和技能、教学理念和态度，都直接影响教学模式的创新和实施。因此，人们需要通过各种方式提供教师专业发展的机会和支持，例如提供专业培训、分享教学经验、参与教育研究等。这不仅可以帮助教师更新知识和技能，提高教学能力，还可以激发教师的教学热情和创新精神，为教学模式创新提供持续的动力。

（五）学生的长期发展

可持续性的教学模式创新需要关注学生的长期发展。教学目标不仅仅是让学生在学期内取得好成绩，更重要的是培养学生的终身学习能力，帮助学生形成正确的价值观，培养学生的创新能力和社会责任感。这就需要人们在教学模式创新中，不仅关注学生的学科知识和技能学习，还要关注学生的个性发展、情感需求、社会技能等。

SPORTS

第二章 高校体育教学模式创新的理论基础

第一节 以人为本教育理论

一、以人为本的内涵

以人为本体现了马克思主义世界观、方法论、人生观、价值观的高度统一。这种理念把现实的"人"作为人类发展的主体和中心，以满足现实的人的物质文化需要，提升人的综合素质，实现人的全面发展为价值取向和发展目标。具体而言，其核心内涵主要体现在以下三个方面。

（一）人的不断完善是以人为本追求的终极目标

以人为本强调的是人的全面发展，而其中最重要的一个部分就是人的不断完善。人的不断完善是对个体自我完善的追求，是人性的最高表现，也是社会发展的最终目标。这种追求以人的需求为出发点，考虑人的身心健康、品质和能力的全面发展，使人能够自我提升，逐渐形成独立的思考能力，具备良好的社会公德和高尚的道德情操。

这种完善并不只是个体的进步，而是在社会背景中的整体进步，它涉及社会环境的改善、生活质量的提高、公平正义的实现，以及社会保障系统的完善。这种全面的发展需要人们将注意力从经济增长转向人的福祉，将焦点从物质积累转向人的全面发展。只有在这样的条件下，人才能够实现自我价值的最大化，社会才能达到真正的和谐稳定。

（二）以人为本以凸显人的主体性为核心

以人为本的核心在于强调人的主体性。人的主体性体现为人是自己生活的主宰者和决策者，人是社会发展的主体和驱动力。人的主体性强调人的自主性和创新性，认为人有能力并应该对自己的生活和社会发展进行选择、创新和决策。在这个理念中，人被赋予自由和权利，使得他们能够全面展现才智和潜力。人们可以自由地追求他们的梦想，创新他们的思维，塑造他们的生活。在这个过程中，社会环境应该为人们提供充分的资源和机会，以支持和促进其发展。与此同时，人的主体性意味着人们需要承担责任。人们既有权利，又需要承担义务，这是不可分割的整体。人们有权利去追求他们的幸福，也有义务去维护社会的公平和和谐。人们有权利去创新，也有义务去尊重别人的权益。由此可见，人的主体性实际上是自我发展和社会责任的统一。

（三）以人为本是人类生存与发展的价值取向

以人为本是人类生存与发展的价值取向。这是推动社会发展，提高生活质量，实现人与自然和谐的必然要求。这种取向基于对人性和社会性的深刻理解和把握，认为人是所有价值的创造者和享受者，所有社会活动最终都是为了服务于人类。这种价值取向强调，所有的决策、政策和行动都应当符合人的利益，服务于人的福祉，保护人的权益。无论是经济发展、科学进步，还是文化传承，都应该关注它们如何为人们带来好处，如何提高人们的生活质量，如何促进人的全面发展。从这个意义上说，以人为本不仅是社会活动的原则和取向，还是评价社会进步的标准和尺度。

二、高校体育教学模式创新中以人为本的教育观

在当今的教育理念中，以人为本的教育观已经被广泛接受和提倡。下面，本书将从五个方面（如图2-1所示），详细探讨高校体育教学模

式创新中以人为本的教育观。

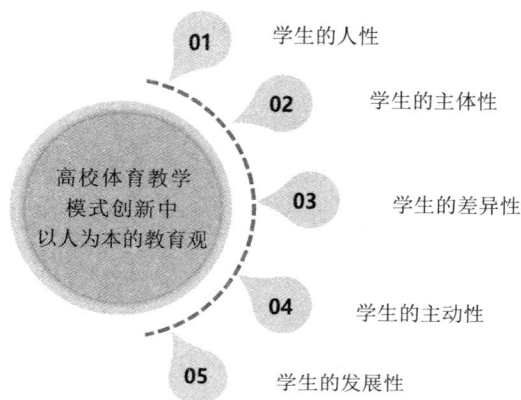

图 2-1 高校体育教学模式创新中以人为本的教育观

（一）学生的人性

在教学过程中，认识和尊重学生的人性是至关重要的。人性在此指的是学生作为独立的、有尊严的、有权利的和自由的人的基本特征。这包括他们的情感、意愿、兴趣和个性。这个观点有其深远的意义和现实的价值，它突破了传统教育对学生的功利性和工具性看待，体现了教育的人性化和人本化，强调了教育对学生全人发展和全面的关注。

情感是人的内在驱动力和创新动力，它在学生的学习过程中起着至关重要的作用。教师要关注和理解学生的情感需求，尊重和响应他们的情感表达，充分激发他们的学习情感，使他们在学习中得到情感的满足和情感的成长。

意愿是人的内在动机和自我决定，它影响着学生的学习态度和学习行为。教师要关注和了解学生的学习意愿，尊重和支持他们的学习选择，引导和帮助他们形成积极的学习意愿，使他们在学习中充分发挥主观能动性。

兴趣是人的内在倾向和自我追求，它是推动学生学习的内在动力。

教师要关注和发现学生的学习兴趣，尊重和培养他们的个人兴趣，设计和提供符合他们兴趣的学习内容和学习活动，使他们在学习中得到兴趣的享受和兴趣的培养。

个性是人的内在特质和自我特色，它体现了学生的独特性和多样性。教师要关注和接纳学生的学习个性，尊重和保护他们的个性发展，适应和满足他们的个性需求，使他们在学习中得到个性的认同和个性的尊重。

总之，高校体育教学模式的创新要以人为本，尊重学生的人性，关注他们的情感、意愿、兴趣和个性，使他们在学习中得到真正的满足和发展。只有这样，教育才能实现其真正的目的和价值，即促进学生的全面发展，实现他们的自我完善。

（二）学生的主体性

在高校体育教学模式创新中，学生的主体性是教育观念的重要组成部分。主体性体现为学生在学习过程中不仅是知识与技能的接受者，还是主动的参与者和创造者。尊重并发展学生的主体性，可以使他们在活动中实现自我价值，提升自我效能感，从而在体育活动中获得成就感和满足感。

在体育教学过程中，学生的主体性表现为他们对学习内容的主动参与和自我调整。例如，学生在参加体育活动时，可以根据自己的兴趣和实际能力，选择适合自己的运动项目和难度，自主决定自己的学习节奏和方式。教师的功能是提供各种可能性，引导和支持学生做出选择，而不是直接决定和安排学生的学习内容和过程。

学生的主体性还表现为他们对学习结果的自我评价和反思。在体育活动中，学生可以通过观察自己的表现，对自己的运动技能和体能状况进行自我评价，根据评价结果，对自己的学习计划和方式进行调整。同时，学生可以对自己在体育活动中的体验和感受进行反思，提炼出对自己有意义的经验和知识，为未来的学习和生活提供参考。

此外，学生的主体性还可以通过参与课程设计和组织活动的方式得到发展。例如，学生可以参与制定课程计划，提出自己感兴趣的运动项目，为课程活动提供创意和建议；学生也可以参与组织校内的体育比赛和活动，提高自己的组织能力和协作能力。

因此，高校体育教学模式创新应该重视学生的主体性，尊重他们的选择权和自主权，提供开放和灵活的学习环境，激发他们的主动性和创新性。学生只有成为学习的主体，才能真正享受学习的乐趣，充分发挥自己的潜能，实现全面和个性化的发展。

（三）学生的差异性

在高校体育教学模式创新的以人为本教育观中，差异性是一个不可忽视的要素。通过尊重学生的差异性，人们可以将每个学生视为一个独立的、独特的个体，尊重他们的个体差异，为他们提供个性化的教学体验。

体育教学中的学生差异性主要体现在学生的生理差异和心理差异上。

生理差异包括学生的身体素质、运动能力等方面的差异。教师需要在教学设计中充分考虑这些差异，避免"一刀切"的教学方式，根据学生的个体差异，提供差异化的教学内容和方式。比如，对于身体素质较好的学生，可以为其提供更具挑战性的体育活动；而对于身体素质较差的学生，可以为其提供更加适应他们身体状况的体育活动。

心理差异则体现在学生的兴趣、动机、态度、学习风格等方面。对于这些差异，教师需要通过与学生的互动和沟通，了解学生的心理特点，调整教学策略，以满足学生的心理需求。例如，对于对某种体育项目有浓厚兴趣的学生，教师可以为他们提供更多相关的学习资源和机会；而对于对体育学习缺乏动机的学生，教师可以通过增加游戏元素、设置挑战任务等方式，激发他们的学习兴趣和动机。

通过尊重学生的差异性，教师可以提供符合学生个体特点的体育教学，让每个学生都能在体育活动中找到适合自己的位置，发挥自己的优势，实现自我价值。同时，尊重学生差异性有利于教师培养学生的多元化思维，让他们认识和接受差异，学会在差异中寻找共性，形成开放、包容的人生观。

（四）学生的主动性

在高校体育教学中，学生的主动性是推动学习过程的重要动力源泉。主动性是一个人主观上自愿、自发、自主去做某件事情的心理状态和行为态度，它体现在人的情感、意志和行动中。在以人为本的教育观中，主动性被视为学生个体特性的重要部分和教育教学活动需要关注和重视的关键因素。

对于学生来说，主动性体现在对学习的热爱、对知识的渴望、对技能的掌握、对自我成长的追求等方面。主动性是学生自我教育、自我发展、自我完善的内在动力，也是学生参与学习、改进学习、享受学习的重要保障。教师要关注和理解学生的主动性，鼓励和支持他们表现出来的主动性，充分发挥他们的主动性，提高他们的学习效果和学习满意度。

在体育教学中，学生的主动性尤其重要。体育活动要求学生积极参与，全身心投入，享受运动的快乐，体验运动的挑战，发现运动的价值。学生只有有足够的主动性，才能充分参与体育活动，有效掌握运动技能，深入理解运动规则，真正体验运动精神，从而实现体育教学的目标和价值。

教师要在教学过程中注重调动学生的主动性，使他们成为学习的主体。教师可以通过设置有挑战性的任务，设计趣味活动，提供丰富多样的资源，创设和谐轻松的环境，给予积极有效的反馈等方式，激发和引导学生的主动性，帮助他们发现和解决问题，提高他们的问题解决能力和创新思维能力。

教师也要在教学评价中充分考虑学生的主动性，给予主动性正面评价和鼓励，以提高学生的学习信心和学习动力。教师可以通过观察学生的学习行为，分析学生的学习表现，理解学生的学习需求，反馈学生的学习情况，对学生的主动性进行客观、公正、全面的评价，以推动学生的主动性发展。

（五）学生的发展性

在高校体育教学模式的创新中，深入理解并尊重学生的发展性是至关重要的。发展性的观念强调每个学生都有自我发展和成长的潜力，他们在体育技能、身心素质、社会适应能力等各个方面都有可能有显著的进步。教育者的目标应当是识别并激发这一潜力，为学生提供一种充满机遇、有助于全面发展的环境。

在体育教学中，学生的身体发展是教育目标的一个重要方面。这不仅包括提高学生的身体素质，比如力量、速度和耐力，还包括培养学生对身体活动的积极态度和习惯。对于大学生而言，一个积极健康的生活方式是至关重要的。而体育锻炼作为健康生活方式的一部分，不仅有助于提升学生的体质，对力量、速度和耐力的提升有明显作用，还能够培养学生对身体活动的积极态度和习惯。

发展性教育视野的另一个重要方面是学生的运动技能。学生通过学习和掌握各种运动技能，不仅可以提高自己的运动表现，还可以更好地理解团队合作和竞争的价值，理解持之以恒的重要性，增强对目标的持续追求的信心。学生通过持续实践和反馈，可以逐渐精练自己的技能，发展出更高级的运动策略和技巧。这种发展过程需要时间和精力，需要教育者和学生都有足够的耐心和决心。

此外，教育者还需要关注学生的心理和社会发展。体育活动可以成为一个很好的"场所"，让学生有机会提升自我认识，学习处理压力，提高解决问题的技能。在竞技体育中，学生可能会遇到挫折和失败，这些挫折和失败是他们成长的机会，可以帮助他们了解自己的情绪反应，学习如何控制情绪，提高应对压力的能力。同时，体育活动可以帮助学生建立和保持社会关系，学习团队协作和领导技能。通过在体育活动中与他人互动，学生可以学习到如何有效地与他人沟通，如何理解和尊重他人的观点，如何处理冲突和矛盾，这些社会技能对于他们的未来生活和工作都是非常有价值的。

第二节　终身体育教育理论

一、终身体育的内涵

终身体育是 20 世纪 90 年代以来伴随体育改革发展而产生的一个新理念，是指一个人终身进行身体锻炼和接受体育教育。[①]具体而言，终身体育的内涵主要体现在以下四个方面。

（1）时间。终身体育的一个重要特征就是"终身"，这意味着体育活动要贯穿人的一生，在任何时候都不应该中断。从儿童时期开始，到成年，再到老年，体育运动应是生活的一部分。在不同的生命阶段，个人可以选择不同的体育运动来适应自己的生理和心理状况，以此来实现对健康的维护和提升。

（2）内容。终身体育强调的是体育运动的多样性。这意味着体育锻炼项目应当是丰富多样的，以满足人们不同的兴趣和需求。无论是团队运动，比如篮球、足球，还是个人运动，比如瑜伽、跑步，都可以作为体育锻炼的选项。重要的是要找到符合个人兴趣，适合自己身体状况的运动，以此来维持对体育运动的热爱和持续参与。

（3）人员。终身体育的主体是全体人民，他们不论年龄、性别、职

---

① 王德平，黄朕．大学体育与健康教程 [M]．西安：西安电子科学技术大学出版社，2020：19.

业，都应参与体育锻炼。它强调的是全民运动、全民健康，而不仅仅是专业运动员或者学生的体育活动。每个人都有权参与体育运动，享受运动带来的乐趣，收获健康的体魄。

（4）教育。终身体育的目的是通过持续不断的体育锻炼，增强全民体质，提升生活质量。而在实现这一目标的过程中，教育者的角色尤为重要。教育者应该鼓励并指导学生参与体育锻炼，使他们了解体育的重要性，培养他们的体育兴趣，使他们形成持续参与体育运动的习惯。同时，教育者应该引导学生理解和采用科学的体育锻炼方法，帮助他们避免运动伤害，实现最佳的锻炼效果。

二、终身体育的体系构成

终身体育不仅是一个独立的概念，还是一个复杂的体系，它涉及构成人群、构成空间、基础能力和习惯养成等多个维度，如图 2-2 所示。这个体系涵盖了教师、学生、家长以及教育管理人员等主要构成人群，他们在推动终身体育发展中扮演着重要的角色。同时，家庭、学校和社会等构成空间为学生提供了实施终身体育的舞台。另外，个体的基础能力和良好的体育习惯也是支撑终身体育的重要因素。下面，本书便从这四个维度出发，探讨终身体育的体系构成，以期为推动终身体育的发展提供理论支撑。

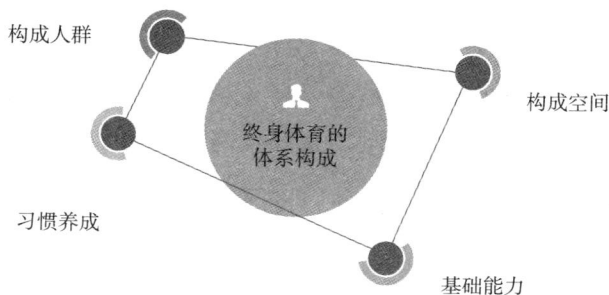

图 2-2 终身体育的体系构成

（一）构成人群

终身体育的核心人群主要涵盖了教师、学生、家长以及教育管理人员等。在这个体系中，每个构成人群都有其独特的角色和职责。教师需要具备专业知识和教学能力，引领和激发学生对体育活动的热情。学生则是体育活动的主体，他们的参与度直接决定了体育活动的效果。家长是孩子健康成长的重要伴侣，他们的参与和支持有助于孩子形成终身体育的习惯。而教育管理人员则需要提供支持和资源，营造有利于终身体育发展的环境。这样的体系构成，使得终身体育不仅仅是学校的工作，还是全社会共同参与的工作。

（二）构成空间

终身体育的构成空间主要涵盖了家庭、学校和社会等。家庭是孩子成长的第一空间，家长的体育观念和行为对孩子的影响至关重要。学校是孩子接受教育的主要场所，其体育设施、教育理念和教师队伍等因素直接影响学生的体育兴趣和参与度。社会环境包括公共体育设施、体育组织和体育政策等，这些因素对学生的终身体育意识的建立和形成也产生着重要的影响。

（三）基础能力

终身体育的基础能力主要包括身体素质、运动技能和健康知识三个方面。身体素质是进行体育活动的基础，包括力量、速度、耐力、柔韧性等；运动技能是参与体育活动的关键，包括各种运动的基本技术和策略；健康知识则是保障体育活动安全和提高效果的重要因素，包括运动营养、运动伤害预防和康复等。学生通过学习和实践，可以逐渐提高这些基础能力，从而在体育活动中取得满足感和成就感。

（四）习惯养成

终身体育的习惯养成是一项长期的任务，需要教师、家长和学生自身的共同努力。在这个过程中，培养学生主动参与体育活动的积极态度是关键。这需要教师采用启发式的教学方式，引导学生发现体育活动的乐趣；需要家长以身作则，通过日常生活中的体育活动，潜移默化地影响孩子；也需要学生自我认识和自我管理，逐渐形成良好的体育习惯。

三、高校体育教学模式创新中的终身体育观

终身体育教学理论作为体育教学中的一个重要理论，对于高校体育教学模式的创新具有积极的指导作用。具体而言，高校体育教学模式创新中的终身体育观主要体现在以下五个方面，如图 2-3 所示。

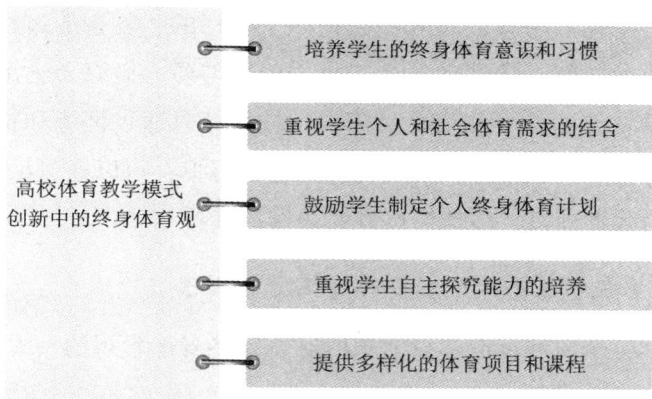

图 2-3　高校体育教学模式创新中的终身体育观

（一）培养学生的终身体育意识和习惯

终身体育的理念根植于个体的日常生活中，它将体育锻炼和健康生活习惯融入生活的各个方面。在高校体育教学模式创新的过程中，培养学生的终身体育意识和习惯是至关重要的。

终身体育意识的形成可以帮助学生建立对健康和体育活动的积极态度，让学生认识到体育活动是一种可以改善身心健康、增强社会交往、提高生活质量的重要方式。这种意识的形成并不是一蹴而就的，而是在

长期的教学活动中逐步培养的。教师可以通过多种方式，如课堂讲解、实际示范、互动讨论等，使学生明白体育锻炼的科学原理和方法，理解其对健康和生活的重要影响。

此外，学校还应该为学生提供丰富的体育活动，创造支持体育锻炼的环境，鼓励学生积极参与体育活动。这可以通过设立多样化的体育课程、提供充足的体育设施、安排合理的体育活动时间等方式实现。这种丰富的体育环境不仅可以满足学生的不同需求，提高他们的体育技能，还可以让他们在体育活动中找到乐趣，激发他们的兴趣，增强他们的体育意识。

至于终身体育习惯的培养，它是一个长期的、复杂的过程。这个过程涉及学生的认知、情感和行为三个方面，需要人们综合运用各种教学策略，提供持续的指导和支持。例如，教师可以通过训练和指导，帮助学生掌握正确的锻炼技巧，形成良好的锻炼习惯；可以通过反馈和鼓励，激发学生的内在动机，使他们愿意并能够持续参与体育活动。

（二）重视学生个人和社会体育需求的结合

重视学生个人和社会体育需求的结合是终身体育观的一大核心要义。这意味着，学校不仅要关注学生在学校期间的体育需求，还要充分考虑他们未来在社会中的体育需求。在实际操作中，这就要求学校应开展一系列行动，以保证学生在校期间所受的体育不仅能满足他们的当下需求，还能在他们的整个人生中发挥影响。

要达到这个目标，学校首要考虑的是如何提供一个环境，使学生能够发现和追求自身的体育需求。这包括在学校开设各种体育课程，让学生有机会尝试不同的运动，以发现他们真正喜欢和擅长的体育项目。同时，学校应该提供足够的信息和资源，让学生了解各种运动的好处，以及如何在日常生活中进行运动。这样，学生就能意识到运动不仅是为了在学校的体育课程中得高分，还是为了自身的健康和快乐。

学校也要考虑如何满足学生的社会体育需求。这意味着学校需要培养学生的社会参与意识，让他们认识到体育活动不仅是个人的事情，还是社区和社会的事情。学校应该鼓励学生参与社区的体育活动，如社区运动会、公益健身活动等。这不仅可以帮助学生建立社交网络，提高他们的团队协作能力，还可以让他们在参与中感受到体育的乐趣，从而增强他们的终身体育意识。

学校应该把学生的个人体育需求和社会体育需求结合起来，以形成一个整体的教育策略。这意味着教师需要设计一种体育教学模式，既能满足学生的个人需求，又能满足他们的社会需求。例如，学校可以通过开设不同的体育课程，满足学生的多元需求。同时，学校可以组织各种体育活动，让学生在实践中学习和体验，从而更好地理解和接纳体育的社会价值。

在这个过程中，学校不能忽视的一点是，体育的目标不仅仅是满足学生的当前需求，更重要的是培养他们的终身体育观。这就意味着教师需要引导学生理解和接受体育活动是他们生活的一部分，而不仅仅是学校教育的一部分。教师应该帮助学生认识到，无论他们身在何处，无论他们面对的是什么情况，都需要保持运动的习惯，维护自己的身心健康。这正是现代体育所强调的终身体育观。

（三）鼓励学生制定个人终身体育计划

终身体育是一种涵盖了个人全生命周期的体育观念，它主张在人的一生中都应积极参与体育活动，以提升生活质量和健康状况。在高校体育教学模式的创新过程中，教育者应鼓励学生制定个人的终身体育计划，帮助他们构建和维持一种积极的、健康的生活方式。

制定个人的终身体育计划，意味着学生需要考虑自己的兴趣、能力、健康状况、时间安排等多种因素，以确定合适的体育活动，并设定长期的锻炼目标和计划。这个过程需要学生对自己有深入的了解，有清晰的自我定位，并且具备一定的规划能力和自我管理能力。

为了支持学生制定个人的终身体育计划，高校可以提供多种形式的指导和支持。例如，教师可以在课堂上引导学生探讨和思考他们的体育需求和兴趣，帮助他们认识和评估自己的健康状况，提供有关健康生活和体育锻炼的科学知识；学校可以提供丰富的体育资源，如健身设施、体育课程、运动社团等，给学生提供更多的锻炼机会和选择；教师和学校还可以通过定期跟进和反馈，监督学生的锻炼进度，帮助他们调整和完善自己的体育计划。

在鼓励学生制定个人终身体育计划的过程中，教师应该重视学生的主观能动性，尊重他们的个人选择，充分发挥他们的创新精神。学校应该提供一种开放的、充满可能性的教学环境，让学生能够自由探索和实践，形成他们自己的体育路径。

（四）重视学生自主探究能力的培养

体育活动涵盖的领域广泛，其深度和广度远超运动技巧的学习和应用，更涉及个体健康、社会交往、心理调适等多元领域。这些因素构成了体育活动的内涵，也构成了体育的核心价值。这样的理解与实践，为推动高等教育中体育教学模式创新提供了新的视角，即注重学生自主探究能力的培养。

对于大学生来说，参与体育活动不仅是对身体素质的锻炼，还是对独立思考、主动探索、解决问题等复杂能力的锻炼。实现体育教学从训练技巧向提高综合能力转变，从引导学生完成特定运动动作向培养学生独立思考、主动探索、解决问题的能力转变，是现代体育的追求。这一追求，恰恰是构建学生终身体育观的重要前提，也是实现终身体育目标的关键。

自主探究能力涵盖了一系列重要的认知和情感技能，包括问题发现、问题解决、批判性思维、创新性思维、自我调控、动机驱动等。这些技能对于学生形成深入的学习理解、培养持续的学习兴趣、发展长期的学习习惯都有关键的作用。同时，自主探究能力是构建学生的终身学习能力、实现学生的终身发展的关键。

体育活动的特性为学生提供了丰富的自主探究的场域。在体育活动中，学生需要面对复杂多变的运动环境，需要根据运动任务和自身状态做出判断和决策，需要通过实践和反思不断调整和优化自己的运动行为。这些都需要用到学生的自主探究能力。因此，体育活动既是自主探究能力的应用场所，也是自主探究能力的培养场所。

在体育教学中，教师应通过设计多样化的学习任务，建立开放性的学习环境，引导和支持学生的自主探究。例如，教师可以设计一些开放性的运动任务，让学生根据自己的想法和方法去完成。此外，教师还可以引导学生参与体育活动的设计、组织和管理，从而提高学生的自主探究能力。例如，教师可以组织学生开展小组合作，共同设计和实施一次体育活动

（五）提供多样化的体育项目和课程

多样化的体育项目和课程能满足学生的不同兴趣和需求，促进他们的全面发展，培养他们的终身体育习惯。

体育项目的多样化意味着课程设置，不仅包括传统的体育项目，如篮球、足球、乒乓球等，还需要引入新的、非传统的体育项目，如攀岩、瑜伽、舞蹈、跆拳道等。这种多样化的体育项目可以提供更广阔的运动领域，让每个学生都能找到适合自己的运动项目，充分发挥自己的潜力。

体育课程的多样化则是指在教学内容、教学方法、教学评价等方面的多样性。在教学内容上，教师不仅需要教授运动技能和规则，还需要讲授运动生理、运动心理、运动营养等相关知识，帮助学生建立全面的体育知识体系；在教学方法上，教师不仅可以采用传统的教学方法，还可以采用探究学习、合作学习、体验学习等多元化的教学方法，以适应

学生的多样化学习方式；在教学评价上，教师不仅需要关注学生的运动成绩，还需要关注他们的参与态度、团队协作、领导力等软性能力的发展。

为了实现体育项目和课程的多样化，高校需要在制度、资源、教师队伍等方面进行投入和改革。例如，高校需要制定灵活的课程政策，允许学生根据自己的兴趣和需求选择体育课程；高校需要投入资源建设多功能的体育场所，购置多种体育器材，为学生提供丰富的体育资源；高校还需要培养和引进多领域的体育教师，以提高教师队伍的专业素质和教学能力。

第三节　健康第一教育理念

一、健康第一的内涵

健康第一是指将健康置于高校体育教学的首要位置，将学生的健康发展作为教育的第一目标。具体而言，健康第一的内涵主要体现在以下几个方面。

（1）身体健康：健康第一强调学生的身体健康，包括身体素质的发展、疾病的预防和健康生活习惯的养成。学生可以通过体育锻炼、运动训练和健康教育，提高运动能力，增强抵抗力，提高身体素质，预防疾病，养成良好的生活习惯。

（2）心理健康：健康第一注重学生的心理健康，包括心理素质的培养、情绪的管理和心理问题的预防与解决。心理健康教育、情绪管理训练和心理咨询服务，可以帮助学生建立积极的心态，提高自我认知和情绪调控能力，预防心理问题的发生，促进心理健康的发展。

（3）社交健康：健康第一关注学生的社交健康，包括人际关系的建立、合作精神的培养和社会责任的承担。学生通过团队合作、社交技能培养和社会实践，可以培养良好的人际交往能力，增强团队合作意识，培养公民意识和社会责任感。

（4）终身健康：健康第一强调学生对终身健康的追求，即将健康作为一生的伴随和目标。终身体育观的灌输，有助于培养学生持续参与体育运动和锻炼的习惯，使其将健康的生活方式融入日常生活中，养成终身健康的行为和态度。

二、健康第一教育理念的目标

1. 提升学生身体健康水平

在高校体育教学中，提升学生的身体健康水平是首要的目标。身体健康是个人全面发展的基础，是学生接受教育、参与社会活动、实现个人价值的基础。身体健康不仅涉及体力、耐力和灵活性等基本体质，还涵盖心肺功能、免疫力等身体机能状态。学生只有身体健康，才能应对繁重的学习和生活压力，才能更好地参与各种活动。在实现这一目标的过程中，高校体育教学应设计科学、系统的训练项目和方法，具体包括力量训练、有氧运动、柔韧性训练等内容，以全面提升学生的身体素质。此外，高校体育教学也需要引导学生建立正确的健康观念，比如平衡饮食、规律作息、定期体检等，帮助学生养成健康的生活习惯。

2. 促进学生心理健康

在当今社会，心理健康问题日益突出。对于高校学生来说，学业压力、就业压力、人际关系等都可能对他们的心理健康产生影响。因此，促进心理健康也是高校体育教学的一个重要目标。体育活动本身就是一种有效的减压方式，可以帮助学生缓解学习和生活带来的压力，调整情绪，使其保持良好的心态，特别是团队运动，可以培养学生的团队协作意识和社交能力，增强他们的自信心和自尊心，提高他们的抗压能力和挫折承受能力。同时，高校体育教学可以通过开设相关课程，如心理咨询等，帮助学生培养良好的心理素质，提高他们的情绪调节能力和压力应对能力。

3.培养学生终身健康观念

终身健康观念是指人们对健康的理解和态度，它的形成和持续并非在短期内就能完成的，需要在日常生活的行为和习惯中不断强化和巩固。在高校阶段培养学生的终身健康观念，这不仅可以为他们的个人发展奠定坚实的基础，还可以影响他们的家庭、社区甚至整个社会的健康状况。

首先，高校体育教学需要对学生的健康理念进行引导和教育。通过课程教学，学生可以了解和理解健康的多元含义，认识到健康不仅仅是没有疾病，更重要的是包括身体、心理、社会等多个层面的良好状态。同时，学生可以认识到保持健康的重要性，不仅对个人的学习、工作、生活有直接的影响，还是对社会的贡献。通过这样的教育，学生可以养成正面的健康观念，树立起健康的价值观。

其次，高校体育教学应通过实践活动，让学生体验和实践健康的生活方式。这可以通过组织多样化的体育活动，鼓励学生积极参与，感受运动带来的乐趣，体验合作和竞争的精神，理解体育对身心健康的积极影响。同时，高校可以设立健康生活方式的相关课程，比如营养学、健康管理等，让学生了解如何做到科学饮食、适当运动、良好的生活习惯等，从而在实践中养成健康的生活方式。

最后，高校体育教学需要关注学生的个体差异，提供个性化的健康教育。每个学生的身体状况、心理特点、生活习惯都有其独特性，因此，健康教育应根据学生的个体差异进行个性化设计。比如，可以针对学生的健康问题提供个性化的健康咨询和指导，为他们提供适合的运动项目和训练方案。同时，要注重对学生的心理健康教育，心理咨询和心理辅导不仅可以帮助学生处理好学习、生活中的压力和困扰，还可以提高他们的心理适应能力。

三、高校体育教学模式创新中的健康第一教育观

在高校体育教学模式的创新中，健康第一的教育观主要体现在以下五个方面，如图2-4所示。

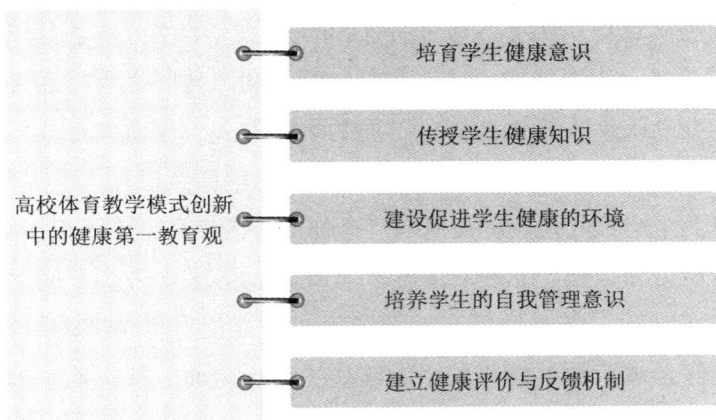

图2-4　高校体育教学模式创新中的健康第一教育观

（一）培育学生健康意识

在高校体育教学模式的创新过程中，健康第一的教育观发挥着关键性的作用。其目的在于培育和提升学生的健康意识，使他们在参与体育活动的同时，意识到自身健康的重要性，从而能够在日常生活中做出有益于健康的决定并采取适宜的行动。

健康意识的培育不仅限于体育课堂上的传授，还可以将这种意识融入学生的日常生活和行为习惯中。体育教学不应只是培养技能和增强体质，更应该着重于启发和引导学生形成正确的健康观，使他们能够在日常生活中积极主动地维护自身的健康。

教师在教学过程中应注重引导学生树立积极的生活态度和健康的生活方式。健康意识的培育需要通过健康知识的传播，让学生充分理解和

认识健康的重要性。这包括对健康饮食、定期运动、保持良好心态等方面的认识。在教学过程中，教师可以引导学生参与讨论和活动，以增强他们的健康意识和健康行为。

此外，体育教学也可以作为一种有力的工具，通过体验和实践来增强学生的健康意识。例如，通过参加体育运动，学生可以亲身体验运动对健康的益处，从而更加积极地参与体育活动。教师也可以通过设计各种活动，鼓励学生去探索和体验不同的运动方式，从而发现他们自己喜欢的运动方式，进一步增强他们的运动热情和健康意识。

健康的生活方式是一种长期的、全面的生活模式，它不仅包括饮食、运动等生活习惯，还包括精神状态、社交活动等多个方面。因此，培育学生的健康意识，需要教师在教学过程中全方位、多角度地引导学生，使他们能够形成全面的健康观，能够在生活中全面、自主地维护自身的健康。

（二）传授学生健康知识

作为高校体育教学的重要任务之一，传授学生健康知识为学生的健康生活提供了必要的理论基础和实践指导。学生通过获取和理解这些知识，能够更好地理解健康的内涵和外延，知晓如何在日常生活中实践健康生活方式，从而实现身心健康。在传授学生健康知识时，以下四点是需要教师注意的。

1. 健康知识的传授需要全方位覆盖

在教授学生健康知识的过程中，全方位覆盖是一个重要的方面。这种全方位覆盖不仅包括基础健康知识，例如人体结构、生理功能、健康饮食习惯、科学锻炼方法等，还包括更深入的知识，如疾病的预防、早期发现和处理方法。这种全方位覆盖使学生能够全面了解自身健康，也能够应对可能出现的健康问题。基础健康知识为学生提供了对自身健康的基础理解，包括身体的构造和功能，以及如何维护健康的生活方式。

而更深入的知识则使学生能够预防疾病，以及学会如何在出现疾病时及早发现和处理。这种全面的健康知识不仅能够让学生对健康有一个理论的理解，还能使他们有能力在实际生活中落实这些知识。

2. 健康知识的传授需要注重实用性

在健康知识的传授中，注重实用性也是至关重要的。教师需要尽可能地让学生知道，他们学到的知识是如何在日常生活中应用的。例如，当教师在教授健康饮食习惯时，他们可以通过讲解不同食物的营养价值，以及如何组合这些食物来达到平衡饮食的目的，让学生能够将这些知识运用到自己的饮食选择中。同样，当教师在教授科学锻炼方法时，他们可以通过示范不同的锻炼方法，让学生理解如何进行有效的锻炼，以及如何避免在锻炼中受伤。这种实用性的强调不仅能够使学生理解健康知识的重要性，还能使他们有能力在实际生活中实践这些知识。

3. 健康知识的传授需要适应大学生的发展阶段

大学生的发展是一个多样化和持续的过程，涵盖身体、心理和社会层面的变化。因此，健康知识的传授应该与大学生所处的不同发展阶段相适应，以满足他们在各个方面的需求。在大学的早期阶段，他们通常处于从高中到大学的过渡期。在这个阶段，大学生可能面临新的学习环境、独立生活和自我管理的挑战。因此，健康知识的传授应侧重于生活方式的培养，包括合理的饮食、充足的睡眠、适当的锻炼和压力管理。大学生需要了解如何平衡学习和社交活动，以及如何建立良好的自我护理习惯，以应对新的学术和社会压力。在大学的中期阶段，他们逐渐适应了学术生活和社会环境。此时，健康知识的传授应更加综合和深入，如常见疾病的预防、性健康和毒品滥用的危害等。在大学的后期阶段，他们进一步发展成熟并面临职业规划和未来的挑战。此时，健康知识的传授应注重职业生涯发展和终身健康的相关内容。

4.健康知识的传授需要强调连续性

健康知识的传授不是一次性的事情，而是一个持续的过程。健康不是一蹴而就的事情，而是需要持续投入的过程。因此，作为教育者，教师需要在整个学习阶段持续传授健康知识，持续关注学生的健康状况，为他们提供持续的健康支持。这就意味着，健康教育应该从学生进入学校的那一刻开始，一直到他们离开学校。在这个过程中，教师需要时刻更新和补充健康知识，这是因为新的研究和发现不断出现，学生的需求和情况也在不断变化。此外，教师需要跟踪和评估学生的健康状况和行为，以便及时调整他们的教学内容和方法。这主要包括定期进行健康检查、收集和分析学生的反馈，以及观察学生的行为和生活方式的变化。

（三）建设促进学生健康的环境

环境对人的身心健康有深远的影响，高校作为学生的主要生活和学习场所，其环境的建设直接关乎学生的健康状况。因此，在高校体育教学中，学校需要重视促进学生健康环境的建设，以营造一个有利于学生身心健康发展的氛围。具体而言，促进学生健康的环境建设可从以下几方面着手。

1.拥有完备的体育设施

高校体育设施的完备性对于促进学生身心健康有重要的影响。这些设施，包括但不限于健身房、运动场地、游泳池等。这些设施不仅能够满足学生进行各种体育活动的需求，还能够鼓励他们积极参与体育锻炼，以此提高其身心健康水平。

在拥有完备体育设施的同时，高校需要设立合理的开放时间和管理规则，以确保学生可以方便、安全地使用这些设施。学校需要根据学生的时间安排和需求，调整设施的开放时间，同时，学校需要制定和执行严格的安全规定，以避免在运动过程中发生意外。

高校还需要关注体育设施的维护和更新，包括定期检查设施的安全性和有效性，及时修理和更换破损的设备，以及引入新的设备和技术，以满足学生不断变化的需求。这不仅能够保证设施的安全性和有效性，还能够提高学生使用设施的满意度和参与度。

2. 积极组织各类健康推广活动

健康推广活动是高校促进学生身心健康的重要方式之一。这些活动可以包括各种形式，例如运动竞赛、健康讲座、体育表演等。这些活动不仅可以提高学生的身体素质，增强他们的团队协作意识，还可以增加他们的健康知识，增强他们的健康意识。

为了有效地组织这些活动，高校需要考虑学生对于不同类型活动的需求和兴趣，定期进行调查，然后根据这些信息来设计和安排活动。同时，学校需要考虑活动的开放性和包容性，以确保所有的学生都有机会参与。

在活动的组织过程中，高校也需要注意活动的安全性和有效性。学校需要在活动开始前进行充分的准备，例如制定安全规则、提供必要的设备、聘请专业的指导教师等。在活动过程中，学校需要监督活动的进行，及时处理可能出现的问题和风险。在活动结束后，学校需要进行反馈和评估，以便改进未来的活动。

3. 营造积极健康的校园文化

校园文化是影响学生健康行为和态度的重要因素。一个积极健康的校园文化可以鼓励学生积极参与健康活动，培养健康的生活方式，以此提高其身心健康水平。要营造这样的校园文化，高校需要从以下几方面着手。

（1）学校需要建立以学生健康为中心的价值观。建立以学生健康为中心的价值观意味着在学校的政策制定中，学生的身心健康都是一个重要的考虑因素。这需要学校引导全体教职工和学生共同认识健康的重要性，并通过制定和执行相关政策，保障学生健康的环境和条件。这种价值观的建立应通过整个学校的各种活动和课程反映出来，包括但不限于体育活动、健康教育、心理咨询等，从而使学生在健康的环境中成长。

（2）学校需要建立开放和支持的校园环境。开放和支持的校园环境能够让学生在接受教育的过程中感到自由、安全和被接纳。学校应鼓励和支持学生表达自己的观点和感受，鼓励他们积极参与校园活动和决策，给他们提供适应个人需求的服务和资源。学校还应提供充足的心理健康资源，包括但不限于心理咨询服务，这可以帮助学生处理学习、生活压力，提升他们的心理健康。

（3）学校需要倡导健康的行为和习惯。学校可以通过举办各种运动活动，鼓励学生保持运动，以提高身体素质。在食堂，学校可以提供健康的饮食选项，从而培养学生的健康饮食习惯。学校还可以通过开设健康教育课程，教授学生关于健康的知识，如疾病预防、心理健康等。倡导健康的行为和习惯，不仅有助于学生的身心健康，还会为他们未来的生活打下坚实的基础。

（四）培养学生的自我管理意识

在终身体育的教育观中，自我管理意识的培养贯穿始终，它涵盖了学生对自身身体状况的认知、监控、评估以及根据评估结果进行生活方式和体育习惯的调整。这种自我管理意识，无疑是个体从被动接受教育到主动追求健康的重要标志。因此，高校体育教学在塑造健康的学生群体时，对自我管理意识的培养显得尤为重要。

高校体育教学应在课程设置和内容上强化学生对自我管理的认识。例如，增设健康教育课程，引导学生理解并掌握健康的生理、心理、社会性等多元化内容，深化学生对健康的全面认识，培养学生的自我管理知识和技能。此外，应注重学生健康行为的积极引导，使其根据健康评价指标自己设定健康目标，设计和执行健康行动计划。这种计划包括调整饮食结构、规律作息、定期运动等。

为加强学生的自我管理实践，体育教学应适时设计出各类健康任务和项目，让学生在完成任务的过程中进行自我体验和实践，如规定每日的步数、每周的锻炼次数等。这种学习和实践过程，可以帮助学生逐步掌握和运用自我管理的技能。教师的引导和学生的自我评估是对自我管理能力的重要反馈，能促使学生了解自我管理的长处和不足，从而进行改善。学生在进行自我评估时，不仅需要关注身体状况和运动习惯，还需要反思自我管理的过程，包括是否能按时完成设定的健康目标，是否能及时调整不适合的运动方案，是否能克服困难坚持运动等。

自我管理能力的培养不是一蹴而就的，它需要在长期的学习和实践中逐步形成和提升。因此，高校体育教学需要在自我管理教育中，坚持长期性、系统性、综合性的原则，形成有序、连贯、持久的教学活动。同时，教学活动需要注重情境的创设，引导学生在不同的生活、学习情境中进行自我管理的实践，以增强自我管理的实用性和针对性。此外，对于不同的学生，教师需要采取不同的教学策略，以满足他们不同的需求和特点。例如，对于运动能力较弱的学生，可以适当降低运动难度，从简单的健康行为开始，逐步提升自我管理的难度和复杂性；对于运动能力较强的学生，可以引导他们设定更高的健康目标，提高自我管理的挑战性。

（五）建立健康评价与反馈机制

高校体育教学的目标之一是促进学生的全面健康，因此，需要对学生的健康状况进行综合的、持续的评价，并提供适时的反馈，以指导学生的健康行为，调整和优化体育教学的方案。这种评价与反馈机制，是体育教学的重要组成部分，其作用在于引导学生形成对健康的自我评价和自我调整能力。

健康评价与反馈机制的构建，首先需要明确健康的评价指标。这些指标不仅需要涵盖学生的生理健康状况，如身体素质等，还需要包括学生的心理健康状况，如心理压力、情绪状态等，以及学生的社会适应能力，如人际交往、团队合作等。这种全面性的健康评价，有助于提供学生健康状况的全方位信息，促使学生形成对健康的全面认识。

健康评价的过程，也是对学生进行健康教育的过程。教师需要引导学生参与健康评价的过程，让他们理解评价的目的，掌握评价的方法，参与评价结果的分析和解读。这个过程可以帮助学生形成对健康的自我认知，提升自我管理的能力。

基于健康评价的结果，教师需要提供适时的、针对性的反馈，以指导学生进行健康行为的调整。这种反馈，既可以是对学生健康状况的提醒和建议，也可以是对学生健康行为的肯定和激励。此外，反馈还可以是对体育教学方案的调整，以满足学生的个别差异和特殊需求。

在实践中，教师还可以利用科技手段，如健康管理软件、智能健康设备等，来提高健康评价与反馈的效率和精确度。这些科技手段，可以帮助教师收集和分析学生的健康数据，可以提供更为客观和科学的评价结果，支持个性化的反馈和指导。例如，可以通过智能设备监测学生的运动量、饮食状况、睡眠质量等信息，以提供健康评价；也可以根据评价结果，通过智能系统提供健康建议、运动计划、饮食指南等个性化服务。

第四节　寓乐于体教育理念

一、寓乐于体的内涵

寓乐于体是一种以快乐为目的、以身体活动为手段的教育方式。寓乐于体的核心思想是在体育活动中寻找和体验乐趣。这种理念认为，运动不应仅仅被看作是一种锻炼身体的工具，还应该是一种生活方式，是人们追求快乐、建立社会关系、发展个性、实现自我价值的重要途径。

这种理念强调体育活动的积极、快乐和社交的一面，鼓励人们积极参与，从中寻找快乐，享受运动的过程。具体而言，寓乐于体的内涵主要表现在以下几个方面。

（1）寓乐于体强调在运动中体验快乐，这是一种"自由自在的表达"。快乐体育鼓励人们在运动中自由地表达自我，展现个性和情感，从而体验运动的乐趣。这是一种自我实现的过程，能够帮助参与者在运动中发现和展现自我，释放内心的压力，获取精神上的快乐和满足。

（2）寓乐于体是一种"欢笑和娱乐"的过程。这种方式将有趣的元素和活动融入体育运动中，让参与者在愉悦的环境中感受运动的乐趣。例如，将游戏性的元素融入体育比赛中，使比赛既具有竞技性，又具有娱乐性。这种方式能够激发人们对运动的兴趣和热情，让他们在运动中获得愉悦感和满足感。

（3）寓乐于体注重"社交和互动"。这种方式通过团队合作、互相交流和共享快乐，强化了体育活动的社交功能。这不仅能够提升运动的趣味性，还能够在互动中增进人们的友谊，增强他们的社会交往能力。

（4）寓乐于体中的"成就感和庆祝"是另一个重要的内涵。这种方式通过设定具有挑战性的目标，鼓励参与者去尝试、去努力，从而体验克服困难和实现目标的快乐。当实现目标时，大家一起庆祝，分享成功的喜悦，从而提高运动的积极性和快乐的氛围。

（5）寓乐于体还强调"创造性和自我表达"。这种方式鼓励参与者运用创新的思维和行动方式，去探索新的运动方式，去创造属于自己的运动风格。这种方式能够激发人们的想象力和创造力，并且能够提供一个平台，让他们可以自由地表达自己，展现自己的个性和风格。这种自我表达和创新的过程，不仅能够提升运动的乐趣，还能够提升个人的自我认知和自我价值感，使他们在运动中获得更多的满足感和快乐。

二、高校体育教学模式创新中的寓乐于体教育观

在高校体育教学模式的创新中，寓乐于体的教育观主要体现在以下三个方面（图2-5）。

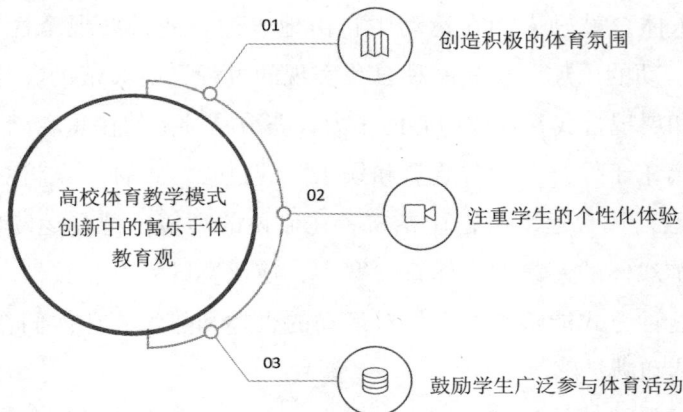

图2-5 高校体育教学模式创新中的寓乐于体教育观

（一）创造积极的体育氛围

体育氛围在很大程度上决定着学生的体育活动积极性和参与度。高校有责任营造一个积极向上、欢乐活跃的体育氛围，让学生能在轻松愉快的环境中参与体育运动，感受运动带来的快乐和乐趣。

为了营造这样的体育氛围，高校可以采取多种方式。例如，举办体育文化节和体育比赛，可以使体育活动变得更加丰富多彩和有趣，可以增加学生参与的欢乐和兴趣。体育文化节可以包含各种体育项目和活动，旨在展示体育的多元性和文化性，激发学生的体育兴趣。体育比赛则可以增加体育活动的竞技性和挑战性，鼓励学生挑战自我，实现自我超越。

友谊赛也是一种有效的方式，它更强调友情和团队精神，而不是竞争和胜利。通过友谊赛，学生可以在和谐友好的环境中参与体育运动，

享受运动的乐趣，提高团队合作和社会交往能力。

为了营造积极的体育氛围，高校还应注重体育设施和环境的建设，提供足够的场地和设备，以保证体育活动顺利进行。同时，要注重体育活动的安全性，建立完善的安全制度，以减少运动伤害的发生，使学生在安全的环境中参与体育活动。

（二）注重学生的个性化体验

高等教育的目标在于培养学生全面发展的能力，其中包括发展学生的个性化和创新能力。在高校体育教学中，教师同样应该注重这一点，尊重学生的个体差异，提供个性化的体育活动和课程选择，让每个学生都能在体育教学中找到自己的位置，感受到快乐和成就感。

尊重学生的个体差异，首先要求教师充分了解学生。这需要教师了解学生的兴趣爱好、体育技能水平、身体素质和学习需求等信息。然后，根据这些信息，教师需要设计出适合不同学生的体育项目和训练计划。例如，对于喜欢团队运动的学生，教师可以推荐他们参加篮球、足球等团队运动；对于喜欢独立运动的学生，教师可以推荐他们参加跑步、游泳等个人运动。

在课程设计上，教师同样需要注重学生的个性化体验。教师可以提供不同类型和难度的体育课程，以满足不同学生的需求。例如，对于体育技能较强的学生，可以提供更高难度的训练课程；对于体育基础较弱的学生，可以提供基础技能训练课程。同时，教师可以根据学生的兴趣爱好，开设各种特色体育课程，如瑜伽、太极、舞蹈等，让学生在享受运动乐趣的同时，也能学到实用的体育技能。

个性化体验的目标，是让每个学生都能在体育活动中找到自己的位置，实现自我价值。通过个性化的体育活动和课程选择，学生不仅可以提高自己的体育技能，还能在成功挑战自我、实现个人目标的过程中，感受到快乐和成就感。这种快乐和成就感，将会使他们更加热爱体育，更加积极地参与体育活动，从而实现寓乐于体的教育目标。

（三）鼓励学生广泛参与体育活动

体育是人人都可以参与的活动，其意义并不仅仅在于锻炼身体，更在于培养团队精神、提升自我价值、增进人际交往等多个方面。在高等教育中，鼓励学生广泛参与体育活动是实现寓乐于体理念的关键手段之一。

在实践中，鼓励学生广泛参与体育活动体现在为所有学生提供公平、平等的体育参与机会上，无论他们的体育技能、身体素质、性别、年龄和身体条件如何。体育活动并不是只有运动健将或运动天才才能参与的，每个人都应有机会参与体育活动，体验运动带来的快乐和成就感。这不仅有助于提升学生的体质，还有利于培养他们的团队精神和合作意识，提高他们的自尊心和自信心。

为了实现学生广泛参与体育活动的目标，高校需要设计出多样化、全面化的体育项目，以满足不同学生的需求和兴趣。同时，高校需要对体育课程和活动进行合理的分级和分类，以便于不同水平的学生都能找到适合自己的项目。比如，对于那些不擅长运动或对运动缺乏信心的学生，高校可以提供一些基础、入门级别的体育课程，帮助他们建立运动信心，逐步提高运动能力。

在鼓励学生广泛参与的过程中，重要的不是结果，而是参与的过程。在运动中，每个学生都可以体验到努力、挑战、团队合作和成功带来的快乐。这种快乐感受，不仅有助于培养学生的积极生活态度，还能使他们在参与中体验到运动的价值，进一步提高他们对体育活动的热爱和参与度。

SPORTS

第三章　高校体育教学模式创新的支撑性路径

第一节　优化高校体育教学目标

一、高校体育教学目标概述

（一）高校体育教学目标的概念

高校体育教学目标是高校体育活动最终呈现效果的体现，也是高校师生对体育教学活动的期望。[①]这些目标主要包括知识技能目标、情感态度与价值观目标，以及体育健康和生活技能目标。它们是体育教师制定教学计划和教学方法、评价学生学习效果的重要依据。

（二）高校体育教学目标的层次

体育教学目标是由多个层次的目标组成的，主要包括：体育教学总目标、学段体育教学目标、学年体育教学目标、学期体育教学目标、单元体育教学目标、课时体育教学目标。

1. 体育教学总目标

体育教学总目标是根据高校的教育理念和学科特色，对整个体育教

---

① 于海，张宁宁，骆奥．高校体育教学与训练实践研究 [M]．长春：吉林人民出版社，2021：2.

学进行规划而设定的总体目标。该目标通常涉及学生的体育技能、身体素质、运动习惯、体育道德和健康观念等方面，是高校体育教学最高层级的目标。它体现了高校对体育教学的总体期望和追求，为其他各级体育教学目标提供了基本方向和依据。

2. 学段体育教学目标

学段体育教学目标是在总目标的指导下，根据不同的学段（如大一、大二等）设定的教学目标。它侧重于考虑不同学段学生的身体发展和技能掌握程度，设定适当的教学目标。例如，大一的学段目标可能更注重基础体育技能的掌握和运动习惯的培养，而大二的学段目标可能会进一步提高体育技能，开始引入更复杂的运动和体育理论知识。

3. 学期体育教学目标

学期体育教学目标是针对每个学期设定的更为细化的教学目标。这一目标依据学期的时间框架，考虑到课程安排、节假日等因素，对学生的学习内容和期望成果进行明确规定。每个学期的目标应当依据学生的实际需求和体育课程的内容设置。

4. 单元体育教学目标

单元体育教学目标是对每个教学单元设定的目标，更具体、更注重某一项或几项技能的训练和学习。例如，某一单元的教学目标可能是让学生通过学习掌握羽毛球的发球和接球技巧。

5. 课时体育教学目标

课时体育教学目标是指每节课的教学目标，是最具体和最短期的教学目标。它是教师在每堂课前设定的目标，用以引导教学活动并被作为课后评估的标准。例如，一节课的目标可能是让学生通过实践掌握正确的乒乓球发球方式等。

（三）高校体育教学目标的作用

体育教学目标在高校体育教学中发挥着重要作用，具体体现在指导教学设计、优化学习过程、评估学习效果这三个方面。

1. 指导教学设计

教学目标为教学设计提供了明确的方向，它描绘了学生应达到的能力和知识水平的蓝图。它不仅指向总体教学计划，还指向每一堂课的内容，乃至具体的教学活动。通过明确的目标，教师能够科学地规划教学内容，合理地分配教学时间，选择最适宜的教学方式和教学工具，甚至确定具体的教学步骤和环节。在这个过程中，教学目标作为教学的灯塔，为教师指明了方向，避免教师走入教学的误区。另外，对于学生来说，明确的教学目标能够帮助他们理解教师的教学要求，清楚地知道自己应该掌握哪些知识，具备哪些能力，从而明确自己的学习目标，提高学习效率。

2. 优化学习过程

明确的教学目标可以帮助学生建立自己的学习目标，明确学习的方向，使学生更有目的性地进行学习。明确的目标也可以提高学生的学习动机，引导学生积极主动地参与学习，从而提高学习的积极性。同时，教学目标作为学习的参照系，可以帮助学生对学习的进度和成果进行自我评价。学生可以将自己的学习情况与教学目标进行对比，以此来调整自己的学习策略，改进学习方法，以更好地达到教学目标。

3. 评估学习效果

教学目标为学生的学习效果评估提供了一个判断的依据。教师可以通过比较学生的实际表现和教学目标来评价学生的学习效果，从而了解学生的学习进度，掌握学生的学习情况。同时，教师可以通过学生的学习效果来反思和调整自己的教学行为，以便更好地帮助学生实现教学目标。此外，教学目标也可以用于学生自我评价。学生可以通过比较自己的学习效果和教学目标，反思自己的学习过程，找出自己的学习问题，从而调整自己的学习行为，提高自己的学习效果。

二、优化高校体育教学目标的路径

教学目标的优化影响着高校体育教学模式的创新，尤其随着社会和教育的不断发展，优化高校体育教学目标就显得更加重要。具体而言，高校体育教学目标的优化可从四个方面进行思考，如图 3-1 所示。

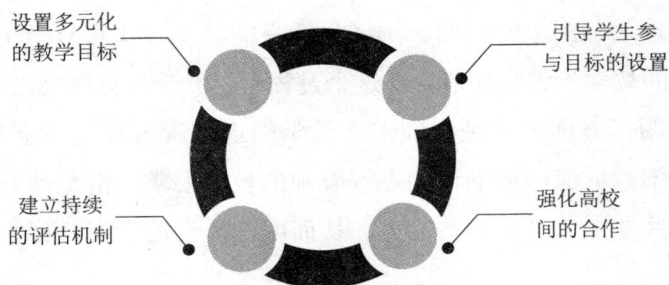

设置多元化的教学目标　　引导学生参与目标的设置　　建立持续的评估机制　　强化高校间的合作

图 3-1　优化高校体育教学目标的路径

（一）设置多元化的教学目标

在当前的高校体育教学中，教学目标的多元化是非常重要的。多元化的目标设定不仅可以满足不同学生的需求，还可以帮助高校体育教学更好地满足社会的需求。关于多元化教学目标的设置，本书从宏观和微观两个方面进行分析。

宏观层面的体育教学目标主要针对的是学生群体，而不是个体。这里的目标包括培养学生的健康生活方式、积极的体育精神、良好的团队合作能力和较高的运动技能。

（1）培养学生健康的生活方式。它包括促进学生的身体健康，包括身体的力量、耐力、灵活性和协调性的提高，以及防止伤病和疾病的发生。此外，它还包括推广健康的饮食和睡眠习惯，以及正确的体态和运动技术。而对于心理健康，体育活动可以帮助学生缓解压力，增强自信心和自尊心。

（2）培养学生积极的体育精神。它包括尊重比赛规则，尊重对手，接受成功和失败，以及努力提高自己的体育水平等。体育精神可以教育学生理解和接受生活中的成功和失败，从而使学生在面对困难和挫折时能够保持积极的态度。

（3）培养学生良好的团队合作能力。团队运动，如篮球、足球、排球等，需要队员们密切协作，共同努力以赢得比赛。通过参与这些运动，学生可以学习到如何与他人合作，如何沟通和解决冲突，如何领导和被领导，以及如何承担责任。

（4）培养学生较高的运动技能。运动技能是参与体育活动，特别是竞技体育活动的基础。对于大多数学生来说，学校是他们学习和提高运动技能的主要场所。高校体育教学应该提供广泛的运动项目，满足不同学生的兴趣和需求，同时让学生有机会学习和掌握基本的运动技能。

微观层面的体育教学目标主要针对的是每一个学生的个体差异。每个学生的体质、兴趣、技能和目标都有所不同，因此，教学目标的设定应充分考虑这些差异。

（1）体质。对于体质较差的学生，教学目标的重点在于提高体质和养成健康的生活习惯。这会涉及个性化的运动计划，例如，增强体能训练、改善体态、治疗伤病，以及优化饮食和睡眠习惯等。

（2）兴趣。对于热爱某项运动的学生，教学目标应尽量满足他们的兴趣，例如，提供相应的运动项目，提供专业的教练和设施，以及提供参与比赛的机会等。

（3）技能。对于运动技能较高的学生，教学目标的重点在于提高竞技水平。这可能涉及更高级的技术和战术训练，以及更高强度和频率的训练。

（4）目标。每个学生都有自己的目标，或者是增强体质，或者是提高运动技能，或者是提高团队合作能力，或者是其他。教学目标应尽量符合学生的目标，以增强他们的动机和满足感。

总之，无论是宏观层面还是微观层面，体育教学都应以学生为中心，充分考虑他们的需求和差异，设置多元化的目标，以实现他们的全面发展。

（二）引导学生参与目标的设置

引导学生参与高校体育教学目标设置是教育变革的一部分，这种变革致力于将学生从教学的被动接受者变为活跃参与者。这种参与可以使教育更加人性化，更能满足学生的个性化需求。此外，学生的主动参与也可以增强他们对学习的投入和动机，从而提高学习效果和满足感。在引导学生参与体育教学目标设置的过程中，高校应从以下四个方面做出思考。

1. 明确学生的角色

在高校体育教学目标设置中，明确学生的角色是提高学生参与度的关键。让学生从被动的接受者变成主动的参与者，从一个纯粹接受信息的角色，转变为在学习过程中拥有主观能动性的角色，这是一种教育的新视角。学生应该被视为自我教育、自我发展、自我监督的主体。他们有权利选择感兴趣的运动项目，设定学习目标，以及反馈学习成果。这样，他们可以根据自己的兴趣、天赋和目标来进行学习，从而提高学习效果和满足感。更重要的是，这种角色的明确可以帮助学生认识到他们对自己学习的责任，从而提高他们的学习动机和自我效能感，这是现代教育理念的重要体现。

2. 建立有效的沟通机制

建立有效的沟通机制是引导学生参与高校体育教学目标设置的关键步骤。教师需要不断与学生进行对话，了解他们的需求和期望，反馈他们的学习情况，解答他们的疑问和困扰。这样可以让教师更好地了解学生的心理状态、课堂上的困惑，以及他们对教学的期望，进而设置更加合理的目标。

3.提供必要的支持和帮助

学校应该提供适合学生参与的环境和条件，包括足够的时间和空间、充足的资源和设施，以及友好的氛围和态度。此外，教师应该提供专业的指导和帮助，包括明确的目标设定、合理的计划安排，以及有效的评价反馈。

4.保障学生的权益

学生参与体育教学目标设定的权利应该被尊重和保护，任何形式的压力和歧视都应该被排除。同时，学生的意见和建议应该被认真考虑和有效采纳。

（三）强化高校间的合作

为了提高高校体育教学的质量和效果，高校间的合作是至关重要的。通过合作，高校不仅可以借鉴和学习其他高校在体育教学目标设定上的优点，还可以弥补自身在这方面的不足，以实现各自教学目标的最优化。

每个高校都有自己的体育教学目标，这些目标通常基于各自的历史背景、学科特点和学生需求。例如，一些历史悠久的高校可能会把传统体育项目如田径、篮球等作为主要的教学内容，而一些科技类高校可能会把健身和体质改善作为教学重点。这些各自的目标设定反映了高校体育教学的多样性和个性化，也为高校间的合作提供了广阔的空间。

高校间的合作需要兼顾和保持各自的特色。高校可以在尊重和维护自己的教学目标设定的同时，借鉴和吸收其他高校的优点。例如，一所以体育竞技为主的高校可以通过与健身和体质改善为重点的高校的合作，加强自身在健身和体质改善方面的教学，而不会损害其在体育竞技方面的特色。反之亦然，一所以健身和体质改善为主的高校也可以通过与以体育竞技为重的高校的合作，提高自身在体育竞技方面的教学水平，同时保持其在健身和体质改善方面的特色。

至于如何促进高校间的合作，本书认为可以采取以下几项措施。

（1）成立合作小组。可以成立由多所高校的体育教学负责人组成的合作小组，共同研究和讨论如何设定更优化的体育教学目标。这种方式可以帮助高校从其他高校的经验中获得灵感，同时能够减少高校在设定教学目标时的盲目性。

（2）共享成功模式。已经成功设定并实现体育教学目标的高校，可以将其成功的模式和方法分享给其他高校，以帮助其他高校成功实现自己的体育教学目标。这种方式可以提高高校设定教学目标的效率和成功率。

（3）合作研究。高校间可以联合开展关于如何设定更优化的体育教学目标的研究项目，通过研究发现新的方法和技巧，以帮助高校更好地设定体育教学目标。

（4）定期举办体育教学论坛。定期举办体育教学论坛，邀请各高校体育教师参与，分享各自在设定和实现体育教学目标方面的经验和教训，可以帮助高校拓宽视野，吸取其他高校的优点，提升自身体育教学目标的质量。

（四）建立持续的评估机制

持续性评估能够提供一个动态的反馈系统，帮助教师和学校了解教学目标实现的程度。评估结果能揭示目前的教学目标是否过于宽泛、模糊或过于严格，也能反映教学目标与实际教学效果之间的差距。根据这些反馈，教师和学校可以相应地调整教学目标，使之更符合学生的能力和需求，也更适合学校的教育理念和实际情况。这样的过程有利于不断优化和完善教学目标。

至于如何建立持续的评估机制，本书认为可以从以下四点着手。

（1）确定评估目标和标准。应明确评估目标，确定需要评估的关键内容和标准。评估目标应与教学目标相对应，评估标准应明确具体、方便操作。

（2）建立评估系统。创建一套包括学生评估、教师评估以及课程评估等在内的全面评估系统。此系统应涵盖教学目标的各个方面，以获取全面的反馈。

（3）定期进行评估。定期进行评估，获取持续性的反馈。评估的频率可以根据教学的实际情况来确定，但应保证足够的频率，以便能及时反映教学状态以及教学目标的实现情况。

（4）反馈和调整。根据评估结果，及时进行反馈和调整。评估结果应被及时反馈给教师和学校，以便根据这些信息调整教学目标。

第二节 优化高校体育教学内容

一、高校体育教学内容概述

（一）高校体育教学内容的概念

高校体育教学内容是指在高校体育教学过程中，涵盖的各种知识、技能、态度和价值观等方面的内容。它包括学生需要学习和掌握的体育理论知识、运动技能、体育活动和健康生活方式等方面的内容。高校体育教学内容旨在培养学生的体育素养，促进学生的身体素质、运动能力和综合素质的全面发展。这些内容通常是根据教学目标和学生的学习需求来确定的，以满足高等教育的要求和学生的个人发展需求。

（二）高校体育教学内容的组成

高校体育教学内容主要由理论知识、技能技巧、健康教育、情感态度与价值观四项组成，如图3-2所示。

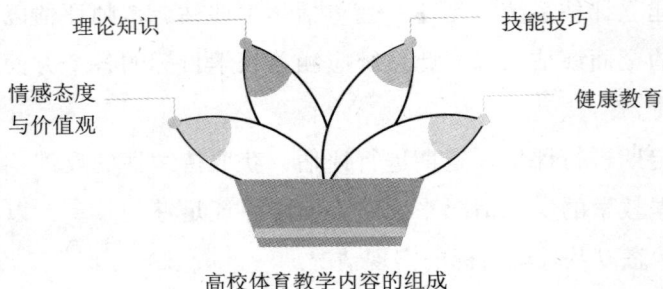

高校体育教学内容的组成

图 3-2　高校体育教学内容的组成

1. 理论知识

理论知识涵盖各种与运动科学相关的学科，如生物力学、营养学、运动生理学、运动心理学等。学生通过学习这些理论知识，可以全面理解运动规律、运动对身心的影响，以及如何根据自身情况制定适合的运动方案。此外，理论知识还包括运动伦理和运动精神，这些都是培养学生团队精神和公平竞争意识的重要因素。学生还可以了解到运动对提高生活质量的影响，包括增强免疫力、降低慢性病风险、改善心理状态等。理论知识构成了高校体育教学的基石，可以使学生科学地看待和参与体育活动。

2. 技能技巧

技能技巧的学习和训练让学生有机会实践理论知识，并在实践中掌握各种运动技能。它不仅包括某项特定的运动技能，如篮球、游泳、健身等，还包括战术理解和策略运用，使学生在团队活动中能更好地发挥自身优势。技能技巧的训练不仅提高了学生的运动技能，还潜移默化地培养了他们的毅力、决策能力和团队协作能力。掌握了运动技能后，学生能够在日常生活中更好地享受运动，从而形成长期健康的生活习惯。

3. 健康教育

健康教育旨在帮助学生了解并实践维护身体健康的方式和策略。它包括生理健康和心理健康的知识，以及如何建立和维持健康的饮食和睡眠习惯。学生可以了解如何通过运动改善体质、增强体能，以及理解健康饮食和充足睡眠对健康的重要性。此外，心理健康教育也可以帮助学生理解和处理运动中可能出现的压力和挫折感，培养积极的心态，并学会在困难面前保持坚韧不拔。

4. 情感态度与价值观

体育不仅是体能、技能提升的活动，还是情感交流、价值观塑造的过程。体育活动的参与和体验可以帮助学生培养积极乐观的态度，提高团队协作和社会交往能力，以及培养良好的运动精神和道德规范。这种教育方式鼓励学生积极面对挑战，了解竞争和合作的价值，同时，帮助学生理解并尊重他人，以建立公平竞争和互相尊重的环境。通过体育教学，学生能够在实践中培养和提升自己的价值观和道德理念，从而在运动中找到乐趣，提高生活质量，达到全面发展的目标。

（三）高校体育教学内容的特性

1. 实践性

高校体育教学内容的实践性是其基本和显著的特性之一。这主要是因为体育活动本身就是一种实践活动，它依赖于参与者的主动参与和实践操作。学习体育技能、理解运动规则、掌握健身方法等都需要学生通过实际操作和实践经验来实现。学生通过个人实践，可以学习运动的技巧和策略，理解运动的基本规则和原则，同时可以通过体育活动体验团队合作和比赛的乐趣，增强团队精神和竞争意识。实践性不仅体现在体育技能的学习和运动的体验上，还体现在健康知识的学习和应用上。通过学习和实践，学生可以了解和掌握健康的生活方式，提高健康素养，形成科学的身体锻炼和生活习惯。

2. 健身性

现代人的生活方式和工作压力都在增加，使得保持身体健康变得更为重要。高校体育教学的健身性主要体现在帮助学生理解和掌握科学的健身理念和技能，引导学生进行科学的体育锻炼，提高身体素质等方面。体育教学的健身性还包括培养学生的健康生活方式和习惯，比如良好的饮食习惯、科学的睡眠习惯等。另外，体育教学也可以帮助学生养成积极的心态，处理好压力和挑战，从而提高精神健康。通过体育教学，学生可以更好地理解和体验运动对身心健康的重要性，从而在未来的生活和工作中持续进行科学的身体锻炼。

3. 娱乐性

体育活动自身就具有娱乐性和趣味性，可以提供乐趣并使人放松，可以使人从日常的学习和工作压力中得到解脱。体育教学可以通过组织各种有趣的体育活动和比赛，激发学生的运动兴趣和动力，使学生在享受体育运动的乐趣的同时，也能从中学到知识、获得提高。娱乐性的体育教学可以促进学生的积极参与，提高学生的学习动机，增强学生的团队协作和竞争意识。同时，娱乐性的体育教学有利于学生的身心健康，可以帮助学生缓解压力，提高生活质量，增强幸福感。

4. 科学性

科学性体现为教学内容的理论和实践相结合，既包括体育运动的科学原理和理论知识，也包括科学的运动技能和策略。体育教学需要基于科学的教学理念和方法，引导学生理解和掌握科学的运动原理，学习和实践科学的运动技能和策略。科学性的体育教学也包括科学的健身理念和生活方式。体育教学应该教授学生如何科学地锻炼身体，如何科学地保持健康的生活方式，如何科学地处理压力和挑战。此外，体育教学还应该培养学生的科学思维和批判性思维能力，让学生能够科学地看待和处理问题，从而提高他们的问题解决能力和创新能力。

二、优化高校体育教学内容的路径

高校体育教学内容的优化能够对高校体育教学模式的创新起到支撑

作用，所以探索高校体育教学内容优化的路径也是一项重要任务。关于优化高校体育教学内容的路径，本书认为可以从四个方面进行思考，如图 3-3 所示。

图 3-3　优化高校体育教学内容的路径

（一）设置多元化的课程

1.设置多元化课程的作用

在现代社会，体育不仅是一项有趣的娱乐活动，还是培养学生身心健康、提高其社会技能和团队合作能力的重要工具。在高校体育教学内容的优化中，教师需要重视多元化的课程设置，让学生在其中找到他们感兴趣的体育项目，这样不仅能提高学生的积极参与度，还能最大程度地发挥体育课程的教育作用。具体而言，其作用主要体现在以下四个方面。

（1）多元化的体育课程能更好地满足学生的个性化需求。每个学生的身体条件、兴趣爱好，以及体育技能都是不同的，一个固定的、单一的体育课程无法满足所有学生的需求。设置多元化的体育课程，学生可以选择他们感兴趣的、适合他们身体条件的体育项目，从而提高他们的参与度和学习效果。

（2）多元化的体育课程有助于培养学生的综合素质。通过学习不同的体育项目，学生可以从中学习到不同的技能和知识，比如团队协作、竞争意识、策略思考等。这些在体育课程中学到的技能和知识，不仅可以运用到体育活动中，还可以运用到其他学科和日常生活中。

（3）多元化的体育课程有利于学生的身心健康。不同的体育项目对身体的锻炼效果是不同的，学生通过参与不同的体育项目，可以进行全方位的身体锻炼。同时，参与自己喜欢的体育项目有助于学生的心理健康，可以提高他们的自信心和满足感。

（4）多元化的体育课程有利于增强高校体育课程的教育功能。体育课程不仅仅是锻炼身体，更重要的是通过体育活动传递一些重要的价值观和人生态度，如公平竞争、尊重他人、团队合作等。多元化的体育课程，让每个学生都能找到他们的位置，从而更好地接受这些教育。

2. 设置多元化课程的策略

为了落实这一目标，高校需要确立一些明确的步骤和策略来实现多元化的高校体育课程设置。具体可从以下几点着手。

（1）进行需求调查。高校首先需要了解学生对体育课程的需求和期望，包括他们的兴趣爱好、身体条件，以及他们希望从体育课程中获得什么。高校可以通过问卷调查、面谈等方式收集这些信息。

（2）设置多样化的课程。根据学生的需求和期望，设置各种不同的体育课程，比如篮球、足球、网球、游泳、瑜伽、跑步等课程。同时，可以设置一些非传统的体育课程，如极限运动、户外探险等课程，来吸引那些对传统体育项目不感兴趣的学生。

（3）灵活安排课程。在课程安排上，应该尽量灵活，可以让学生根据他们的时间和兴趣选择合适的课程。可以设置一些核心课程，要求所有学生必须完成，同时提供一些选修课，让学生自由选择。

（4）建立评价体系。对于多元化的体育课程，需要建立一个全面、公正的评价体系，以评估学生的学习进度和成效。评价体系应该考虑到学生的参与度、技能进步，以及他们在团队合作、竞争意识等方面的表现。

（5）提供足够的资源和设施。为了支持多元化的体育课程设置，学校需要提供足够的资源和设施，包括教师、器材、场地等。学校还需要定期进行设施的维护和更新，以确保学生的安全和课程的顺利进行。

（6）提供持续的教师培训。教师是实现多元化体育课程设置的关键。他们需要接受持续的培训，以掌握不同体育项目的教学技巧，同时需要了解如何有效地管理和激励学生。

（二）重视体育内容和健康教育的结合

体育教学在高校教学中占有重要地位，将体育内容与健康教育相结合，对于高校体育教学内容的优化具有重要意义。这不仅有助于提高学生的体质，还有助于培养学生的健康意识，形成良好的生活习惯。

高校体育教师需要认识到体育和健康之间的紧密联系。体育运动能够提高人们的身体素质，增强身体的免疫力，改善心理状态，促进社交技能的发展，从而在多个层面实现健康的提升。同时，健康是体育活动的基础，一个人只有在健康的状态下，才能更好地参与体育活动，享受运动的乐趣。因此，体育课程应当重视健康教育的内容，而健康教育也应当融入体育教学中。

在实际操作中，高校体育教学可以采用以下几种方式将体育内容与健康教育结合起来。

（1）将健康教育元素整合到体育课程中。在教授技能和规则的同时，教师可以向学生介绍健康知识和运动对健康的积极影响。例如，在跑步课程中，教师可以介绍运动生理学的知识，解释合理的呼吸和跑步姿势如何影响身体的效能。在团队运动课程中，教师可以强调精神健康和社交技能的重要性，解释团队合作如何对个人的心理健康产生积极影响。

（2）组织健康教育工作坊和研讨会。在体育课程之外，教师可以定期组织健康教育工作坊和研讨会，主题可以涉及健康饮食、良好睡眠习惯、心理健康等。这些主题虽然不直接涉及体育，但是对学生的总体健康和运动表现有重要影响。

（3）引导学生制定个性化的健康计划。每个学生都有不同的健康需求和运动目标。体育教师可以与学生一起制定个性化的健康计划，包括适合他们的运动计划、饮食建议，以及其他的健康习惯。这将使学生能够更好地了解如何将所学的健康知识应用到日常生活中。

（4）开设健康教育和体育联合课程。教师可以设计一些课程，将体育和健康教育直接结合在一起。例如，健康与健身课程可以教授学生如何根据自己的体质和健康状况制定个性化的健身计划，如何保持健康的生活方式。

（三）强化高校体育教学内容的个性化

优化高校体育教学内容，教师必须认识到内容个性化的重要性，即认识到每个学生都有自己的需求、兴趣和潜力。

首先，个性化的体育教学内容能够满足学生的个人需求。每个学生的身体状况、体育技能和运动兴趣都不同，因此，人们不能期待一种统一的教学内容能满足所有学生的需求。相反，人们需要设计出一种灵活的教学内容，以根据每个学生的具体情况进行调整。这样的教学内容既能满足学生的个人需求，也能激发他们的学习动机。

其次，个性化的体育教学内容可以提高教学质量。传统的"一刀切"式的教学模式往往会忽视学生的差异，导致教学效果不佳。然而，如果教师能充分考虑到每个学生的特点和需求，在教学内容的设计上做到个性化，那么就有可能提高教学质量，让学生在学习中获得更多的成就感。

再次，个性化的体育教学内容有助于培养学生的创新思维。当学校允许学生根据他们的兴趣和需求选择学习内容时，他们就有更多的机会去尝试新的运动，发掘自己的潜力，从而可以培养他们的创新思维。这种创新思维不仅对他们的体育活动有重要影响，还对他们的未来职业发展有重要的影响。

最后，个性化的体育教学内容可以促进教育公平。在传统的体育教学模式下，一些体育技能好、身体素质强的学生往往会得到更多的关注和资源，而那些不太擅长运动的学生则可能被忽视。然而，如果人们能在教学内容的设计上做到个性化，那么每个学生都有可能得到他们所需要的关注和支持，从而实现教育公平。

为了强化高校体育教学内容的个性化，高校和教师可尝试以下几条路径。

（1）进行学生需求调查。理解学生的需求是设计个性化教学内容的第一步。这需要教师进行详细的学生需求调查，了解他们的身体状况、体育技能、运动兴趣等方面的信息。这种调查可以通过问卷、访谈等方式进行。

（2）建立个性化的教学内容库。在了解了学生的需求后，教师可以根据这些信息，建立一个包含各种运动项目、技能训练、健康知识等方面的个性化教学内容库。这个内容库应该具有足够的灵活性，以适应不同学生的需求。

（3）设计个性化的教学计划。每个学期开始时，教师可以根据每个学生的具体情况，从教学内容库中选择适合他们的内容，制定个性化的教学计划。这种计划应该包括学生的学习目标、学习路径、评价标准等信息。

（4）提供个性化的教学支持。在教学过程中，教师需要提供个性化的教学支持，帮助学生达到学习目标。其包括一对一的指导、小组讨论、在线资源等各种形式。

（5）进行个性化的评价。评价是教学过程的重要组成部分。教师应该根据每个学生的学习目标和进度，对其进行个性化的评价。这种评价不仅可以帮助学生了解学习成果，还可以帮助教师了解教学效果，从而对教学内容和方法进行调整。

（四）注重社会实践与体育的结合

在优化高校体育教学内容的过程中，注重社会实践与体育的结合是一个非常重要的方向。它不仅可以帮助学生将所学的知识和技能运用到实践中，还可以培养他们的社会责任感和团队合作精神，从而提高他们的综合素质。

首先，社会实践与体育的结合可以提高学生的动手能力。在体育教学中，学生不仅需要理解体育理论，还需要掌握体育技能。然而，仅仅在课堂上学习这些知识和技能是不够的，学生只有将它们运用到实践中，才算真正掌握。通过参与社会实践活动，比如社区运动会、志愿者服务等，学生有机会使用体育技能，从而可以提高他们的动手能力。

其次，社会实践与体育的结合可以帮助学生理解体育的社会意义。体育不仅可以提高身体素质，还有重要的社会功能，比如增进人们之间的友谊、促进社区的发展等。通过参与社会实践活动，学生可以看到他们的体育技能是如何被用于服务社会的，从而可以理解体育的社会意义。

再次，社会实践与体育的结合可以培养学生的社会责任感。当学生参与社会实践活动时，他们需要对自己的行为负责，需要关注他们的行为对社会的影响。这种责任感既对他们的体育学习有益，也对他们的个人发展和未来的社会生活有益。

最后，社会实践与体育的结合可以培养学生的团队合作精神。在参与社会实践活动时，学生需要与他人合作，共同完成任务。这需要他们学会沟通、协调、解决冲突等团队合作的技巧。这种团队合作精神既对他们的体育学习有益，也对他们的个人发展和未来的职业生涯有益。

为了实现社会实践与体育的结合，高校和教师可以采取以下措施。

（1）将社会实践活动纳入体育教学。高校应明确在体育课程设计中包含社会实践环节，如组织学生参与社区运动会、志愿者服务等。这样的活动既可以给学生提供实践体育技能的场所，也可以让学生深入理解体育活动在真实生活环境中的运用。例如，社区运动会可以让学生实践组织活动的技巧，通过比赛和训练，更好地理解运动规则和技巧。志愿者服务则可以让学生在服务中理解健康和体育对社区的重要性，从而培养他们的社会责任感。

（2）为学生提供参与社会实践活动的机会。高校应积极寻找并提供校内外的实习、项目等社会实践机会。这些机会可以是定期的，也可以是基于特定活动的，如大型运动赛事的志愿者工作，与体育相关的社区服务项目等。这样的活动既可以让学生有机会将所学的体育知识和技能运用到具体的工作中，也可以让他们有机会了解体育行业的运营方式，为他们的职业发展做准备。

（3）引导学生反思他们的社会实践经历。高校应引导学生对他们的社会实践经历进行反思。这可以通过写作、讨论等方式进行。例如，教师可以安排一次反思性写作，让学生描述他们的实践经历，思考他们的体育技能如何被用于服务社会，他们在实践中学到了什么。教师也可以组织讨论，让学生分享他们的经验，相互学习。这种反思不仅可以帮助学生深化他们的学习，还可以帮助教师了解学生的学习需求，从而优化教学内容和方法。

（4）评价学生的社会实践表现。高校应对学生的社会实践表现进行评价。这可以通过观察、反馈等方式进行。教师应观察学生在实践中的表现，比如他们是否能有效运用体育技能，他们是否能与他人合作完成任务，他们是否能对自己的行为负责。同时，教师应给学生提供反馈，帮助他们了解自己的表现，并指导他们进行改进。这种评价不仅可以帮助学生了解学习成果，还可以帮助教师了解教学效果，从而对教学内容和方法进行调整。

第三节　优化高校体育教学方法

一、高校体育教学方法概述

（一）高校体育教学方法的概念

高校体育教学方法是指在高等学校体育教学过程中，教师运用的一种有计划、有目的的教育行为方式和教学手段。这些方法是根据学生的年龄、身体条件、学习需求等因素，以及体育科目的性质和特点，来组织和指导学生进行体育学习的有效方式。这些方法往往涉及课程设计、教学模式、教学技术、教学评价等多个方面，旨在提高学生的体育技能，培养学生的体育兴趣和习惯，提高学生的体育素养，以及实现其他教育目标。

（二）高校体育教学方法的分类

目前，学界对于高校体育教学方法并没有确定统一的分类标准和划分依据，一般根据经验将体育教学方法划分为教法类、学法类及练法类三种类型。

1. 教法类

教法类体育教学方法主要关注的是教师在教学过程中的行为，其核心在于如何引导和激发学生的学习兴趣，使他们能主动参与体育活动并提高运动技能。这类方法包括直接教学法、讨论教学法、示范教学法等。

2. 学法类

学法类体育教学方法主要关注的是学生的学习策略，如自主学习、合作学习、探究学习等。这些方法希望通过提高学生的学习策略，帮助他们更好地掌握体育技能，发展个人的体育能力。

3. 练法类

练法类体育教学方法主要关注的是如何通过有效的训练方法来提高学生的体育技能和体能。这些方法包括专项训练法、复合训练法、循环训练法等。

（三）高校体育教学常见的方法

1. 示范法

在体育教学中，示范法是较直观也是较有效的教学方法之一。对于学生来说，看到教师的示范，他们可以直接理解和把握动作的核心要点，从而更快地学习和掌握运动技能。示范法的关键在于教师的示范必须准确无误，因为学生会模仿教师的每一个细节。示范不只限于动作的演示，还包括教师对动作细节的解释，以及对可能出现的错误和纠正方法的说明。除了直接示范，现代技术也为示范法提供了更多的可能。比如，教师可以通过视频展示世界级运动员的技术动作，让学生有更高的模仿目标，也可以利用动画、模拟等技术，帮助学生更好地理解动作的机理。

2. 实践法

实践法是体育教学的基础。因为运动技能的学习和掌握，首先需要通过实际的运动实践来完成。实践法强调让学生在真实的运动环境中，通过自己的身体感受和运动经验，理解和掌握运动技能。实践法要求教师组织好运动实践的条件，提供适合学生水平的训练内容和任务，引导学生正确地进行运动实践。同时，教师需要关注学生的运动实践过程，及时发现并纠正学生的错误，给予学生必要的反馈和鼓励，让学生在实践中不断进步。

3. 小组教学法

小组教学法是一个非常有利于促进学生互动和合作的教学方法。在小组教学法中，教师可以根据学生的水平和需求，将学生分成不同的小组，进行分组训练和比赛。这样不仅可以增加学生之间的竞争和合作机会，还可以让学生在团队中学习到更多的东西，比如团队精神、互助合作等。小组教学法还有助于教师更加细致地关注每个学生的情况，以便对不同的学生提供个性化的指导和帮助。

4. 讨论法

讨论法在体育教学中也很常见。通过讨论，学生可以更深入地理解运动技巧、运动策略、健康知识等内容，可以提高自己的思考能力和解决问题的能力。在讨论过程中，学生有机会听到和交流不同的观点和想法，也有机会表达自己的思想，这对于培养学生的独立思考能力和批判性思维能力都非常有利。教师在引导讨论的过程中，不仅要鼓励学生提问和发表意见，还要教会学生如何进行有效的听说，如何尊重和接纳不同的观点，如何通过讨论达成共识。

5. 游戏化教学法

游戏化教学法近年来在各个领域的教学中都得到了广泛应用，体育教学也不例外。游戏化教学法可以激发学生的学习兴趣，提高学生的学习积极性，从而提高教学效果。通过游戏，学生可以在愉快的氛围中学习运动技能，体验运动的乐趣，同时，游戏化教学法能够培养学生团队协作能力、竞争意识、公平精神等重要素质。教师在设计游戏时，可以根据教学目标和学生的特点，选择或创设不同的体育游戏，让学生在游戏中达到预定的学习目标。在游戏过程中，教师还需要对学生进行及时指导和反馈，帮助学生学习和进步。

以上五种方法是高校体育教学常见的方法，但这并不意味着高校体育教学只能采用这些方法。在实际的教学过程中，教师应根据具体情况灵活运用和优化教学方法，以提高教学效果。

二、优化高校体育教学方法的路径

教学方法是高校体育教学模式创新的一个重要支撑，然而，传统的体育教学方法在面对不断变化的教育需求和学生特点时可能显得有些滞后。为了更好地满足学生的需求和培养他们的综合素质，以及推动教学模式的创新，优化高校体育教学方法势在必行。具体而言，优化高校体育教学方法的路径可从五个方面做出思考，如图 3-4 所示。

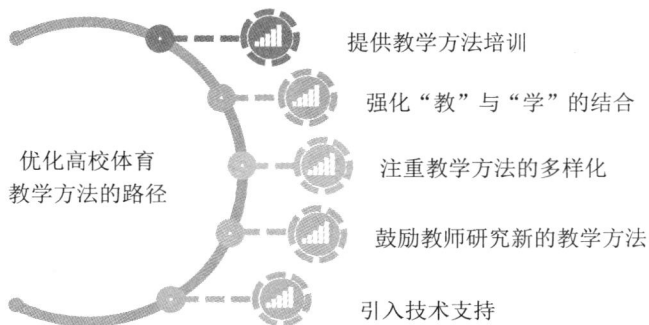

图 3-4　优化高校体育教学方法的路径

（一）提供教学方法培训

在高校体育教学中，培训教师掌握更多、更新的教学方法是优化教学质量的核心。这意味着教师需要进行持续的学习和发展，以适应不断变化的教育环境和学生需求。而高校需要为教师提供教学方法培训，以促进教师的专业发展，进而促进高校体育教学方法的优化。

课堂教学是教学过程的基础环节，也是教师影响学生最直接的阶段。通过教学方法的培训，教师可以学习和掌握各种新颖的教学方式和策略，如情境教学、探究式教学等，以刺激学生的学习兴趣，提高他们的参与度。这些新的教学方法可以帮助教师更好地调动学生的积极性，使他们更深入地理解和掌握体育技能。

实践操作是体育教学不可或缺的部分。教师的示范与指导对学生的技能掌握至关重要。因此，通过教学方法培训，教师需要掌握更精细、更有效的实践教学方法，以确保学生能够准确理解和执行各种体育技巧和运动规则。此外，教师需要学习如何有效地组织和管理课堂，以便最大限度地提高每个学生的学习效果。

评估与反馈是教学过程的重要组成部分。通过培训，教师可以掌握更多有效的评估策略，如表现评价、过程评价等，以全面、准确地了解学生的学习进度。同时，他们需要学习如何提供有针对性的、建设性的反馈，以帮助学生明确自己的优势和需要改进的地方，从而提升学生的学习效果和满意度。

为了有效地进行教学方法的培训，学校可以采用各种形式，如研讨会、研修班、教学示范等。在这些活动中，教师可以了解并掌握最新的教学理念和方法，同时，他们可以分享自己的教学经验，从其他教师那里学习到新的教学策略。

（二）强化"教"与"学"的结合

在优化高校体育教学方法的道路上，强化"教"与"学"的结合是至关重要的。这一要点涵盖了教学双方——教师与学生，他们是教学过程的主要参与者，他们之间的互动关系将直接影响教学质量和效果。因此，强化"教"与"学"的结合，以提高教学质量，满足学生的个性化学习需求，成为优化高校体育教学方法的关键路径。

作为教学活动的设计者和引导者，教师必须明确知道，他们的工作不仅仅是传递体育技能和知识，更重要的是帮助学生理解和掌握这些技能和知识。这就需要教师对教学方法进行反思和改进，设计出更符合学生需求的教学活动，创设有利于学生主动学习的环境。这种教学环境应以学生为中心，注重培养学生的主观能动性，激发学生的学习兴趣，从而使学生能积极参与学习过程。教师也需要根据学生的个体差异进行差异化教学。每个学生的体质条件、体育兴趣和学习方式都不尽相同，教师需要充分认识到这些差异，并尽力在教学中进行差异化教学。例如，针对一些基础较差的学生，教师可以采用更易理解的教学方式，如演示、讲解等，来帮助他们掌握基本技能；对于一些基础较好的学生，教师则可以鼓励他们进行探究学习，通过实践来深化他们的理解和提高他们的技能。

学生是教学活动的参与者和实践者，他们的学习态度、学习能力和学习习惯直接影响学习效果。因此，学生应该树立积极的学习态度，提高自己的学习能力，养成良好的学习习惯。与此同时，学生应该积极参与教学活动，主动寻求学习机会，充分发挥自己的主观能动性。

强化"教"与"学"的结合还需要建立有效的教学评价机制。教学评价不仅可以帮助教师了解学生的学习进展和掌握情况，还可以为学生提供明确的学习目标和反馈，促进他们的学习动力和自我调控能力的提高。因此，教学评价应该注重全面的学科能力评价和素质发展评价，采用多样化的评价方法，如考试、作业、项目报告、口头演示等，以全面了解学生的学习状况和能力发展。

（三）注重教学方法的多样化

体育教学既是为了培养学生的体育技能、体质和健康意识，也是为了培养学生团队合作精神、竞争意识和健康生活的态度。为了更好地实现这些目标，教师必须注重教学方法的多样化，从而更好地满足不同学生的需求，激发他们的学习兴趣和积极性。

首先，教师应运用多元化的教学策略。不同的学生具有不同的学习风格和偏好，教师需要采取灵活多样的教学方式以适应他们。例如，一些学生可能更善于通过直接的体验和实践来学习，这就需要教师采用"学中做、做中学"的策略，让学生在实践中学习和提高。而另一些学生可能更善于理论分析和反思，这就需要教师引导他们进行体育知识的理论学习和实践反思。

其次，教学方法应该包含技术的应用。随着科技的发展，新的技术不断涌现，例如虚拟现实（VR）技术、人工智能（AI）技术等，这些都为体育教学带来了新的可能性。教师可以使用这些技术进行虚拟现实教学、个性化教学等，以提高教学效果。同时，教师需要帮助学生学习如何使用这些新的技术，让他们能够更好地适应未来的生活和工作。

再次，教师应尊重并借鉴传统的体育教学方法。无论是集体训练，还是一对一的指导，都有其独特的优点。在引入新的教学方法的同时，教师不能忽视这些传统的教学方法，它们对于培养学生的体育技能、团队合作精神等都有重要作用。

最后，教师应鼓励学生自主学习。教师不仅仅是知识的传授者，更是学生学习的引导者。教师需要引导学生进行自我探索、自我学习，帮助他们发现和解决问题。例如，教师可以设定一些任务，让学生自己去完成，通过完成任务，学生可以学习到体育技能，也可以提高解决问题的能力。

（四）鼓励教师研究新的教学方法

在优化高校体育教学方法的路径中，鼓励教师研究新的教学方法是至关重要的方面。教师作为教育教学的主导，既是教学方法的实践者，也是教学方法的研究者。为了促进教师研究新的教学方法，高校可以采取以下几项措施。

（1）提供支持和资源。学校管理层应该认识到教师研究新的教学方法对教育教学的重要性，并为其提供支持和必要的资源。这包括提供研究经费、设备设施、图书馆资源、教学辅助工具等，以确保教师能够顺利进行研究工作。

（2）设立研究奖励机制。学校可以设立教学研究奖励机制，如设立优秀教学研究奖，给予在教学方法研究方面有突出贡献的教师一定的奖励和荣誉。这将激励教师积极投入研究工作，推动教学方法的创新和改进。

（3）组织专业培训和研讨会。学校可以定期组织教师参加专业培训和研讨会，邀请教育专家、教育学者和教学方法的研究者分享最新的教学理念和方法。这样可以帮助教师了解当前教学领域的最新趋势和研究动态，激发他们对教学方法研究的兴趣。

（4）创建合作交流平台。学校可以建立教师教学交流平台，鼓励教师之间的合作与交流；可以组织定期的教学方法研讨会或研究小组，让教师分享彼此的教学经验、教学成果和研究成果。这样可以促进教师之间的互相学习和合作，推动教学方法的创新和改进。

（5）支持教师教学研究课题。学校可以设立教师教学研究课题，鼓励教师积极参与教学研究。学校应为教师提供研究课题的选择和指导，并提供相应的研究经费和支持，以促进教师在教学方法研究领域的深入探索。

（6）建立教学观摩和评估机制。学校可以建立教学观摩和评估机制，让教师之间相互观摩和评估彼此的教学方法和成果。这将激发教师的教学研究热情，促进教学方法的不断改进。

（五）引入技术支持

在现代教育环境中，技术对高校体育教学的影响越来越大。对于优化高校体育教学方法而言，引入技术支持能够提高教学效率，丰富教学手段，提高学生的自主学习能力，这已经成为教学方法优化的一种重要策略。虚拟现实（VR）和增强现实（AR）技术、人工智能（AI）技术、在线教学平台和数字化资源，以及智能教学管理系统等的引入，可以促使高校体育教学方法迈向新的阶段。下面，本书便简要论述几个可以引入高校体育教学的技术。

1. 虚拟现实（VR）和增强现实（AR）技术

虚拟现实（VR）和增强现实（AR）技术在体育教学中的应用，使学生能够全身心地投入运动场景中，细致地感知运动技巧，提高学习效率和效果。以篮球教学为例，通过VR技术的运用，学生能够身临其境地体验篮球运动员的视角，更好地理解运动技巧的实际运用。这种理论与实践的有机结合，使得教学方法的优化成为可能。

2.人工智能（AI）技术

人工智能（AI）技术的普及和发展，为体育教学带来了运动分析和评估的新方法。通过AI技术的运用，教师可以准确地评估学生的技能水平和进步，为学生提供个性化的反馈和指导。AI技术还可以实时分析学生的运动表现，为教师提供准确的数据支持，从而帮助学生了解自身的运动技能水平，明确下一步的学习目标。

3.在线教学平台和数字化资源

在线教学平台和数字化资源的应用，为体育教学带来了新的可能性。这些平台和资源丰富了教学内容，为学生提供了自主学习的空间，使学生可以根据自身的需求和时间安排进行学习。学生可以在在线平台上查看和复习教学视频，进行模拟训练，提高运动技能。

4.智能教学管理系统

智能教学管理系统的应用，能够提高教学管理的效率和准确性。教师可以通过该系统进行课程管理、学生管理、教学评估等多项工作，从而将更多的精力放在教学内容的研究和设计上。同时，教师可以通过该系统获取学生的学习数据，了解学生的学习状态，以及时调整教学策略。

第四节　优化高校体育教学管理

一、高校体育教学管理概述

（一）高校体育教学管理的概念

高校体育教学管理是一个涵盖广泛的概念，涉及高等体育教学活动的多个方面。一方面，这个管理过程对体育教学活动进行规划、组织、指导、协调和控制，旨在提高教学效率，促进学生体育技能和身体素质的全面发展。另一方面，这个管理过程也需要考虑学生的身心健康，培养他们的体育兴趣和习惯，以及团队精神和竞争意识。管理过程不仅涉及课程的设计和实施，还包括教师的培训和评估、设施的维护和更新、活动的组织和监管，以及学生的指导和支持。管理者在管理过程中需要不断进行反思和改进，以适应体育教学的需求和社会的发展。

（二）高校体育教学管理的主要内容

高校体育教学管理的主要内容包括教师管理、设施管理和学生管理，如图 3-5 所示。

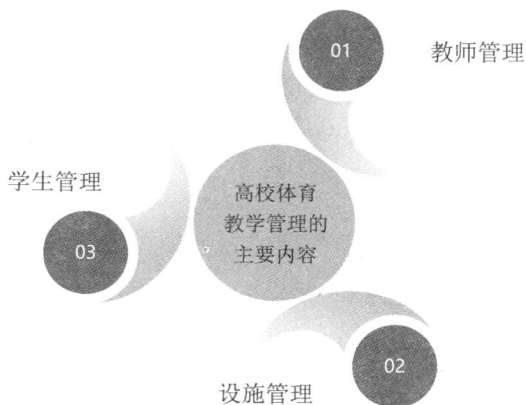

图 3-5 高校体育教学管理的主要内容

1.教师管理

教师是高校体育教学的中坚力量，教师管理是保障教学质量和教学效果的重要环节。高校体育教师管理的核心是激发教师的教学热情和创造力，提高他们的教学水平和专业素养。高校体育教师管理主要包括招聘选拔、培训发展和绩效考核三个方面的内容。

（1）招聘选拔。招聘选拔是高校体育教师管理的起点。高校通过科学、公正、公开的选拔程序，招聘具有优秀专业素养和教学能力的教师。在招聘选拔过程中高校应注重教师的综合素质和教学经验，确保招聘到符合高校体育教学要求的人才。

（2）培训发展。培训发展是高校体育教师管理的重要环节。系统的培训和学术交流，可以提高教师的教学能力和学术水平。培训内容包括教学方法、课程设计、教学评价等方面的知识和技能，高校还可以通过组织教师参加学术会议、研究课题等方式，促进其学术研究和专业发展。

（3）绩效考核。绩效考核是高校体育教师管理的重要手段。高校通过科学、客观的评价体系，对教师进行绩效考核，激励优秀教师，促进教师的成长和发展。绩效考核包括教学效果评价、学术研究成果评价、教学团队建设评价等多个方面，以全面了解教师的教学能力、学术水平和团队合作能力。绩效考核结果可以作为评优评先、晋升职称和薪酬激励的重要依据，从而提高教师的责任感和积极性。

2. 设施管理

设施管理是高校体育教学管理的另一项关键任务。维护和更新体育设施可以保证设施的安全性和有效性，从而支持高质量的教学活动。设施的维护包括定期的清洁和修理，以防止设施的损坏和陈旧。设施的更新则需要关注新的体育设施和技术的发展，以适应教学的需求和学生的兴趣。

合理地安排设施的使用是设施管理的另一项重要任务。这需要考虑设施的容量和条件、教学的安排和学生的需求，以保证所有的教学活动都可以顺利进行。设施的使用也应遵循公平和公正的原则，以保证所有的学生都有机会使用设施进行体育锻炼。

3. 学生管理

学生管理是高校体育教学管理的重要组成部分。管理者应指导和支持学生的学习，为他们提供必要的教学资源，如教材、设施、教师等，以帮助他们达到学习目标。管理者还应促进学生的进步，鼓励他们积极参加体育活动，以提高他们的体育技能和身体素质。同时，管理者应关注学生的健康和安全，为他们提供安全的教学环境，及时处理可能出现的安全问题，以保护他们的身心健康。

（三）高校体育教学管理的作用

1. 促使教学目标的有效达成

高校体育教学管理的作用首先体现在促使教学目标的有效达成上。高校体育课程不仅要注重培养学生的体育技能，还要注重培养学生的体育素养和健康意识。这就需要在教学过程中明确并实施针对性的教学目标。通过教学管理，教师可以对学生的学习进度进行有效监督，以确保教学目标的达成。同时，管理者可以通过对教学计划、教学方法、教学效果的监控和评估，为教师提供反馈，帮助教师调整教学策略，以更好地实现教学目标。高校体育教学管理还可以通过激励机制，促使教师进行持续的专业发展，提高教学能力，从而帮助学生更好地达成学习目标。

2. 推动教学资源的合理配置和优化利用

高校体育教学管理的另一个重要作用在于推动教学资源的合理配置和优化利用。体育教学资源包括教师、教学设施、教材等各种物质和非物质资源。管理者需要根据教学目标和学生的学习需要，合理配置这些资源，以确保其能在教学中发挥最大的作用。例如，通过对教师的培训和指导，提高其教学能力；通过优化教学设施的使用计划，提高其利用率；通过选择和编写高质量的教材，提供有效的学习支持。管理者还可以通过监控和评估教学资源的使用效果，调整资源配置策略，进一步优化资源利用。

3. 推动教学改革和创新

高校体育教学管理还有助于推动教学改革和创新。在当前的教育环境中，教学方法和教育理念都在不断发展和变化，因此，持续的教学改革和创新是必要的。教学管理可以鼓励和支持教师尝试新的教学方法，如在线教学、混合式教学、项目式教学等，以适应学生的学习需求和社会的发展趋势。管理者可以通过对教学改革的效果进行评估和反馈，促使教学改革在实践中不断优化和完善。

4. 确保教学规范的建立和维护

高校体育教学管理有助于确保教学规范的建立和维护。教学规范包括教学行为规范、教学质量标准、教学评估准则等，它们为高效率和高质量的教学提供了重要的保障。管理者可以制定并推广这些规范，使所有的教师和学生都能明确了解和遵守这些规范。同时，管理者可以通过对教学行为的监控和对教学质量的评估，及时发现并纠正教学中的不规范行为，保证教学的公平、公正和透明。这不仅有助于提高教学质量，还有助于建立和维护良好的教学氛围。

二、优化高校体育教学管理的路径

制定清晰的教学管理政策、加强管理者的管理能力建设、建立定期的教学管理评估机制、加强国际交流与合作以及建立信息化管理系统是优化高校体育教学管理的路径，如图 3-6 所示。这些措施可以使高校体育教学管理更加规范、科学和现代化，可以提高管理质量，进而为高校教学模式的创新提供更强有力的支撑，培养出更多优秀的体育专业人才。

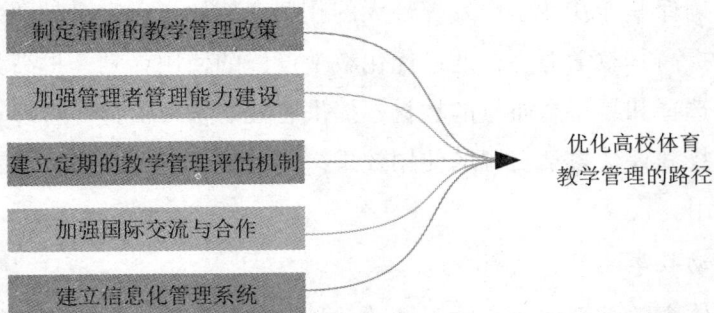

制定清晰的教学管理政策
加强管理者管理能力建设
建立定期的教学管理评估机制
加强国际交流与合作
建立信息化管理系统

优化高校体育
教学管理的路径

图 3-6　优化高校体育教学管理的路径

（一）制定清晰的教学管理政策

在优化高校体育教学管理的路径中，制定清晰的教学管理政策起着决定性的作用。明确、详细、实用的教学管理政策是搭建高效率、高质量体育教学管理系统的基础，是引导所有教师、管理者和学生朝着既定目标共同努力的重要工具。

第一，教学管理政策应以提高教学质量和教师专业能力、促进学生全面发展为核心目标。为实现这些目标，首要的策略是确立具有可操作性的教学标准和教学目标。教学标准是衡量教学质量的尺度，包括教学内容、教学方法、教学效果等多个方面。教学目标则是教学活动的方向，只有明确了教学目标，教师的教学活动和学生的学习活动才有明确的方向。同时，教学标准和教学目标是教学评估的依据，是教学改进的导向。

第二，教学管理政策应着重于教师的角色定位和职责明确。教师是教学活动的主导者，是传授知识、技能，引导学生发展的关键因素。因此，教学管理政策应确立教师在教学活动中的领导地位，明确教师的教学职责。与此同时，高校应明确教师的职业发展路径，为教师提供专业成长的机会和条件。这样的政策既能保证教师的教学能力和教学质量，又能调动教师的积极性，进一步提高教学效果。

第三，教学管理政策需要确立学生的地位和权利。学生是教学活动的主体，他们的需求、兴趣和发展是教学活动的出发点和归宿。教学管理政策应明确学生的学习权利，保障他们参与教学活动的权益，同时要尊重和支持他们的个性发展，激发他们的学习动力，提高他们的学习效果。

第四，教学管理政策还需关注课程设置、教学资源分配、教学评价方式等诸多方面。课程设置应反映体育的核心价值，满足学生全面发展的需求；教学资源的分配要公平、合理，既要满足教学需求，也要满足教师和学生的个性化需求；教学评价方式要科学、公正，既要能准确反映教学质量，也要能鼓励和引导教师和学生进步。

（二）加强管理者管理能力建设

加强管理者管理能力建设，无疑是优化高校体育教学管理的关键。管理者是体育教学活动的指导者和决策者，其管理能力的高低对于体育教学质量的优劣有决定性的影响。只有建设一支高水平的管理团队，才能确保体育教学工作的顺利进行，保证教学质量，最终达到培养更多优秀体育人才的目标。

加强管理者的管理能力建设首先依赖于对管理能力内涵的深入理解。管理能力包括但不限于决策能力、领导能力、协调能力、沟通能力、创新能力、执行能力等。这些能力从不同的侧面支撑着管理者的工作，对于促进教学工作的顺利开展具有决定性作用。决策能力能帮助管理者在面对教学活动中的各类问题时，快速、准确地做出合理的决策；领导能力则能使管理者更好地调动教师和学生的积极性，引领整个教学团队共同朝着教学目标前进；协调能力则能使管理者在处理各方关系、解决教学过程中的冲突时游刃有余；沟通能力能够使管理者有效地传达教学理念、教学政策、教学要求等，以便各方明确教学目标，形成合力；创新能力和执行能力则关乎管理者如何有效地推动教学改革，优化教学方式，提高教学效率。

加强管理者管理能力的建设，具体可从以下几方面入手。

第一，对管理者进行定期的培训。在培训中，高校可以专门针对管理者的各项能力开设相关课程，如领导力培训、沟通技巧培训、决策力培训等，使管理者在理论与实践的互动中提高能力，不断拓宽知识视野，提高管理水平。

第二，创造有利于管理者自我发展的环境。高校可以通过鼓励开放的交流和分享，为管理者提供自我学习、反思和改进的机会。高校通过组织教学案例分析、教学成果分享等活动，使管理者在实践中提高管理能力，促使他们不断从教学实践中获得启示，提高管理水平。

第三，实施激励机制。这能有效提升管理者的工作积极性和创新性。

比如，高校可以设立优秀管理者奖项，给予表现出色的管理者相应的物质或者精神奖励，激励他们持续提升自我，为教学质量的提高做出更多的贡献。

第四，为管理者提供明确且持续的职业发展路径。这有助于激发他们的工作热情和职业信心。多元化的职业发展机会可以满足管理者个性化的需求，激发他们的工作潜力，帮助他们更好地发挥自身的优势，为体育教学工作贡献更多的力量。

（三）建立定期的教学管理评估机制

建立定期的教学管理评估机制是优化高校体育教学管理的重要路径之一。评估机制可以帮助高校了解当前的教学管理情况，发现存在的问题和不足，并及时采取改进措施。以下是建立定期教学管理评估机制的几点建议。

1. 设定评估指标和标准

设定清晰的评估指标和标准是建立评估机制的基础。评估指标包括教学质量、教师能力、学生表现、课程设置等方面的指标。评估标准可以根据高校自身情况和教学目标来制定，以确保评估的客观性和准确性。

2. 定期进行评估

确定评估的时间周期，例如每学年或每学期进行一次评估。定期评估可以帮助高校及时了解教学管理的动态变化，从而采取相应的改进措施。评估可以通过问卷调查、学生评价、教师自评、课堂观察等方式进行。

3. 建立评估团队或委员会

建立专门的评估团队或委员会负责组织和实施评估工作。评估团队或委员会可以由教务处、教学研究中心、学科专家等组成，需要具备相关的教学管理和评估经验；可以协调各方资源，制定评估方案，收集和分析评估数据，并提出改进建议。

4. 反馈评估结果和改进措施

评估的最终目的是改进教学管理，提高教学质量。因此，高校应及时向教师和管理人员反馈评估结果，并与他们一起讨论和制定改进措施。这些改进措施包括教师培训计划、课程改革、教学方法的优化等。同时，高校应建立跟进机制，监测改进措施的实施效果，并进行持续的改进和调整。

5. 提供支持和资源

为了保证评估的有效性和顺利实施，高校需要提供必要的支持和资源。这包括评估工作所需的经费、人力资源和技术支持。高校还可以通过提供相应的奖励和激励措施，鼓励教师参与评估工作，以提高评估的质量。

（四）加强国际交流与合作

国际交流与合作是高校体育教学管理优化的关键环节之一，其目的在于引入和借鉴国际先进的体育教学管理经验，拓宽视野，从而推动我国高校体育教学管理的改革和优化。通过国际交流与合作，我国高校可以接触和学习到更多的国际前沿教学理念、教学方法和教学技术，同时可以参考和引入国际上成功的体育教学管理模式和体制。这对于促进我国高校体育教学质量的提高，以及体育专业人才培养质量的提高具有重要作用。

比如，借鉴和引入一些先进的技术，可以促进我国高校体育教学管理的现代化和信息化。国际上许多高校已经开始利用现代信息技术，如数据分析、云计算等，来优化体育教学管理了。这些高校通过数据分析来了解和监控学生的体育活动参与情况，以此来改善体育课程的设计和教学策略。同时，这些高校也通过云计算等技术，为学生提供了更加便捷和高效的体育学习资源和平台。我国高校在国际交流与合作的过程中，可以学习和引入这些现代化的体育教学管理技术和工具。

在加强国际交流与合作的过程中，我国高校应积极拓展交流与合作渠道，同时应在保持本土教学特色的基础上，合理吸收和引入国际先进经验。这需要高校体育教学管理部门充分发挥领导作用，引导和促进教师参与国际交流与合作，同时需要高校提供必要的政策支持和物质条件，为国际交流与合作提供保障。此外，高校还应注重交流与合作成果的整合和应用，将国际交流与合作的成果转化为我国高校体育教学管理的实际改革措施。

（五）建立信息化管理系统

建立信息化管理系统是优化高校体育教学管理的重要路径之一。随着信息技术的不断发展和应用，利用信息化手段对教学管理进行整体规划、数据管理和决策支持，可以提高管理效率、优化资源配置，并促进教学质量的提高。

1. 信息化管理系统的应用范围

（1）教学资源管理。信息化管理系统可以集中管理和统一调配教学资源，包括教师、教室、器材等。系统化的资源管理模块，可以实时监控资源的使用情况和分配情况，合理调配资源，避免资源的闲置和浪费，提高资源的利用效率。

（2）教学计划与课程管理。信息化管理系统可以帮助高校进行教学计划和课程管理。通过该系统，教务人员可以制定和管理教学计划，包括课程安排、选课管理等。教师可以通过该系统上报课程大纲、教学内容、教学资源等信息，以方便学校管理和监督教学过程。

（3）学生成绩管理。信息化管理系统可以实现学生成绩的管理和统计。教师可以通过该系统录入学生成绩，系统自动计算绩点和排名等数据，以方便学生查询和管理学业成绩。教务处可以通过该系统生成成绩报表和分析数据，为学校提供数据支持和决策依据。

2. 建立信息化管理系统的具体措施

（1）系统规划与设计。高校需要制定信息化管理系统的规划和设计方案。这包括明确系统的功能需求和目标，确定系统的模块和功能结构，以及规划系统的开发和实施时间表。

（2）系统开发与实施。高校可以委托专业的信息技术公司或团队进行系统的开发和实施。信息技术公司或团队应与教务处、教学研究中心等相关部门紧密合作，以确保系统的功能和需求与实际管理需要相匹配。在系统实施过程中，研发人员应对系统进行充分的测试和对用户进行细致的培训，以确保系统的稳定运行和用户的熟练应用。

（3）数据集成与共享。建立信息化管理系统后，高校应确保各类数据的有效集成和共享。这包括学生信息、教师信息、课程信息、教学资源等各类数据的统一管理和互通。数据集成与共享可以为实现学生选课、成绩查询、教学评价等功能，提供便利的服务和信息支持。

（4）数据分析与决策支持。信息化管理系统应具备数据分析和决策支持的功能。通过系统的数据分析模块，管理人员可以实时获取各类教学数据的统计和分析结果，如学生成绩、教学评价、资源利用情况等。这些数据分析结果可以为教学管理的决策提供参考，促进教学质量的提高。

（5）系统监测与优化。建立信息化管理系统后，高校应建立完善的系统监测与优化机制，定期进行系统性能的监测和评估，及时发现和解决系统存在的问题和隐患。同时，根据用户的反馈和需求，研发人员应进行系统功能的优化和升级，以适应教学管理的不断变化和发展需求。

第五节　优化高校体育教学评价

一、高校体育教学评价概述

（一）高校体育教学评价的概念

高校体育教学评价是对高等学校体育教学过程和结果进行系统、科学的评估和审查的活动。它包括对教学目标达成情况、教学方法的有效性、教学资源的利用效率、教学环境的质量、教师的教学水平、学生的学习效果等各个方面的评价。评价的目的主要有两方面：一是监控和保证体育教学的质量，通过发现和解决教学中的问题，持续改进教学方法；二是提供反馈，以帮助教师和学生了解他们的优点和不足，引导他们进行自我反思和提高。

（二）高校体育教学评价的种类

根据不同的分类标准和方法，可将高校体育教学评价分成不同的类型。

1. 按评价的时间和作用分类

根据评价的时间和作用不同，可分为诊断性评价、形成性评价和终止性评价。

（1）诊断性评价。诊断性评价是在教学过程开始时进行的评价，其目的主要是了解学生的体育知识和技能的基本水平，以便教师确定教学内容和方法。例如，教师可以通过测试或问卷调查等方式，了解学生对于某一体育项目的技能掌握程度和知识的理解程度。

（2）形成性评价。形成性评价是在教学过程中进行的评价，其目的主要是了解学生的学习进展和存在的问题，以便及时调整教学策略和方法。例如，教师可以通过观察学生的课堂参与情况，及时了解学生的学习态度和学习困难，提供及时的反馈和指导。

（3）终止性评价。终止性评价是在教学过程结束时进行的评价，其目的主要是了解学生的学习效果，以便对教学质量进行评价和反思。例如，教师可以通过期末测试或比赛等方式，了解学生的体育知识和技能的掌握程度，以此评价教学效果。

2. 按评价的基本标准分类

根据评价的基本标准不同，可分为相对评价和绝对评价。

（1）相对评价。相对评价主要是通过比较学生之间的体育技能和知识水平，来评价学生的学习成效。这种评价方法可以让学生了解自己在群体中的位置，但也可能会引发过度的竞争和比较。

（2）绝对评价。绝对评价主要是通过设定一定的标准，评价学生的体育技能和知识是否达到了该标准。这种评价方法可以表明学生应达到的学习目标，但也可能忽视学生的个体差异和发展潜力。

3. 按评价的性质分类

根据评价的性质不同，可分为需要性评价、可行性评价和配置性评价。

（1）需要性评价。需要性评价是根据学生的身体状况和能力，用来评价学生需要学习哪些体育知识和技能。这种评价方法有助于个性化教学，可以满足学生的不同需求。

（2）可行性评价。可行性评价是根据学生的实际情况，用来评价某种体育教学方法或策略是否可行。这种评价方法可以帮助教师选择最适合学生的教学方法。

（3）配置性评价。配置性评价是用来评价学生在特定体育活动或项目中所表现的能力和技术水平。它关注学生在特定运动项目中的配置水平，包括技术运用、战术决策、协作能力等方面的评估。配置性评价可以帮助教师了解学生在不同体育项目中的表现，以便提供个性化的指导和训练。

（三）高校体育教学评价的功能

1. 鉴定功能

体育教学评价的鉴定功能是指通过评价活动，确认学生体育知识、技能的掌握情况，以及教师教学方法的有效性。这一功能是评价的基本功能，因为它提供了对学习过程和结果的反馈，使得教师和学生都能清晰地了解学习的实际效果。对学生来说，他们可以了解自己的优点和不足，为今后的学习提供参考。对于教师而言，他们可以了解教学方法的效果好坏，从而进行必要的调整。

2. 导向功能

体育教学评价的导向功能是指通过评价活动，影响和引导教师的教学行为和学生的学习行为。因为人们都希望在评价中得到好的结果，所以评价标准和方式会影响他们的行为。例如，如果评价标准重视技能的掌握，那么教师就会在教学中注重技能的训练，学生也会努力提高自己的技能。反之，如果评价标准重视知识的理解，那么教师就会在教学中注重知识的讲解，学生也会努力理解和记忆知识。

3. 诊断功能

体育教学评价的诊断功能是指通过评价活动，发现和识别教学过程中的问题和困难。例如，如果在评价中发现某个学生在某项技能上表现不佳，那么就需要进一步诊断原因，可能是学生没有理解这项技能的要点，也可能是学生没有进行足够的练习。诊断的结果可以帮助教师调整教学方法，也可以帮助学生调整学习策略。

4. 激励功能

体育教学评价的激励功能是指通过评价活动，激发和保持教师的工热情和学生的学习动机。评价结果可以作为反馈，让教师和学生了解自己的努力是否得到了回报，从而激发他们的自豪感和满足感。同时，评价可以设立奖励，例如成绩优秀的学生可以获得表扬或者其他类型的奖励，这会刺激他们努力学习。

5. 调节功能

体育教学评价的调节功能是指通过评价活动，对教学过程进行调整和控制。在教学过程中，教师需要根据学生的学习进度和反馈，对教学计划进行调整。而评价活动可以提供这种反馈，让教师了解学生的学习情况，从而做出合理的决策。例如，如果评价结果表明大部分学生在某项技能上掌握得不好，那么教师就需要调整教学计划，增加这项技能的训练。

二、优化高校体育教学评价的路径

教学评价也是影响高校体育教学模式创新的一个重要因素，然而，传统的评价方法在综合性、客观性和科学性方面存在一定的局限性。为了提高高校体育教学评价的效果和质量，需要探索优化高校体育教学评价的新路径，以更好地支撑高校体育教学模式的创新。具体而言，优化高校体育教学评价的路径可从五个方面做出思考，如图3-7所示。

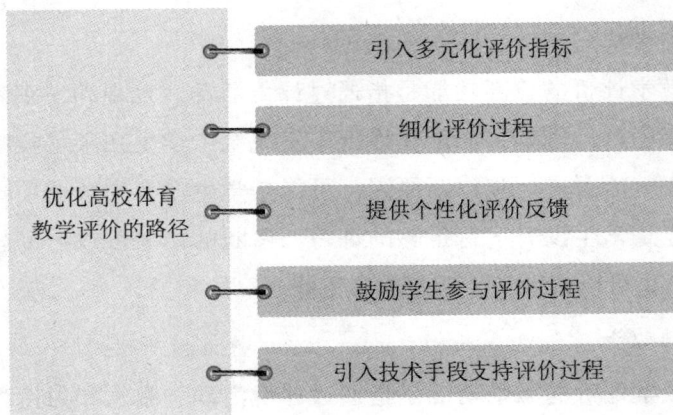

图3-7 优化高校体育教学评价的路径

（一）引入多元化评价指标

当今的教育环境强调对学生全面素质的培养。体育教学是培养学生身心健康的重要环节，其评价方式亦应与这一趋势保持一致。在过去，体育教学评价主要关注学生的体能水平和技术表现。然而，这种单一的评价指标在某些情况下可能无法准确反映学生的全面素质。因此，当前的体育教学评价应该将焦点转向多元化评价指标。

多元化评价指标体现在包括学生的身体素质、运动技能、健康理念、团队合作能力等多个方面上。体育教学的目标不仅仅是提升学生的体能和技能，更重要的是培养学生的健康理念和团队合作精神。体育教学评价应当以这些多元化评价指标为依据，全面反映学生的学习成果和发展情况。在体育教学评价中引入多元化评价指标，能够提升评价的效度和准确性。多元化评价指标覆盖了学生体育技能和身心发展的各个方面，提供了全面而精确的反馈。这样的评价能够为教师提供更为全面的信息，指导教师进行有针对性的教学。

为了实现多元化评价指标，教师需要对各项指标有深入的理解，并能够准确地应用这些指标进行评价。这需要教师具备跨学科的知识和能力，能够从多个角度理解和评价学生的学习成果。同时，教师需要更新自己的教育观念，充分认识体育教学的目标是全面的，而不仅仅是培养学生的体能和技能。

体育教学评价的多元化是教育公正和全面性的体现，也是适应当前教育环境的需要。体育教学评价应该积极引入多元化评价指标，以更加全面、准确和公正地评价学生的学习成果和发展情况。在这个过程中，教师的角色是至关重要的，他们需要具备相关的知识和能力，以应对这一挑战。

（二）细化评价过程

体育教学评价作为教学活动的重要组成部分，对于引导和调控教学活动、提高教学质量具有十分重要的作用。然而，当前的高校体育教学评价方式存在过于关注结果而忽视过程的问题，这种评价方式往往会忽视学生的个体差异和发展过程，无法准确反映学生的全面能力。体育教学评价的优化需要细化评价过程，注重过程性评价，以更加准确地了解学生在不同环节的表现和成长情况。体育教学评价不仅应关注学生的运动技能掌握情况，还应关注学生的体育兴趣、运动态度、合作精神、竞技精神、团队精神等软实力的发展情况。这就需要教师在教学中设置不同的评价环节，细化评价过程。

体育教学评价过程的细化应以学生为中心，根据学生的学习过程和学习结果进行评价。在细化评价过程中，教师应充分考虑学生的个体差异，以及学生的自我评价等多方面信息，通过观察学生在课堂中的表现和参与情况，全面了解学生的学习情况和能力发展。教师还应关注学生在学习过程中的思考、发现、解决问题的能力，以及合作、竞技、团队精神等非技术性能力的发展情况。这不仅可以帮助教师更准确地了解学生的实际学习情况，还可以帮助学生了解自己的学习过程和学习效果。

体育教学评价的过程性评价还应注意及时为学生提供反馈信息，帮助他们了解自己的优势和不足，以便于他们进行调整和改进。及时的反馈可以使学生在学习过程中及时纠正错误，提高学习效果。此外，体育教学评价的过程性评价还应注重多元化的评价手段和方式。传统的笔试和口试评价方式难以准确评价学生在体育教学中的表现和能力发展。因此，可以采用观察记录、访谈、作品展示、项目实践、小组讨论、自我评价等多种方式，综合评价学生的学习过程和学习成果。

（三）提供个性化评价反馈

在教学过程中，为学生提供个性化的评价反馈是极其重要的，它是教师对学生学习过程的直接回应，旨在帮助学生明确自己的优势和需要改进的地方。在体育教学中，个性化的评价反馈同样至关重要。它不仅可以提供给学生明确的学习指导，还能鼓励学生更好地参与体育活动，从而达到更好的教学效果。

个性化评价反馈主要基于每个学生的特性和需求，它关注的是每个学生的独特性，而不仅仅是他们在标准化测试中的表现。在进行个性化评价反馈时，教师需要全面观察和理解学生的体育技能、身体素质、健康理念和团队合作能力等多方面表现，以便提供准确和具有指导性的反馈。

在提供个性化评价反馈的过程中，教师需要保持公正和客观。为了实现这一点，可以引入多位评价者的观察和评价意见，比如同伴评价，或者外部专业的教练等的客观评价。这样的评价方法可以减少单一评价者的主观偏见，提高评价的公正性和准确性。

在提供个性化评价反馈的过程中，教师需要具有专业的知识和技能，包括对体育技能和健康理念的深入理解，以及评价技巧和沟通技巧等。教师应根据每个学生的特点和需求，提供针对性的建议和指导。同时，教师需要注意以鼓励和支持的态度提供反馈，从而激发学生的积极性和主动性，促进他们的学习和发展。

（四）鼓励学生参与评价过程

在体育教学的过程中，鼓励学生参与评价过程是非常重要的。学生作为教学过程的主体，不仅需要被动接受教育，还需要主动参与教学评价，以提升自身的学习体验和效果。学生的参与是优化教学评价的有效途径，尤其在高校体育教学中，其更具有深远的影响。

在学生参与评价过程的策略上，学校需要着重关注以学生为主体的教学评价模式。学生的学习过程是充满主观性的，每个学生的学习态度、学习行为、学习需求以及学习能力都是不同的，因此，学生的参与和反馈对于教学评价是至关重要的。

在策略应用上，学校可以设定学生互评机制，让学生参与他人的学习评价，以提高他们的批判性思维能力，同时学生能更好地理解评价的目的和标准。此外，引导学生为教学过程提供反馈和建议，可以优化教学策略和方式，提高教学质量。

高校需要营造积极的评价氛围，以激发学生参与评价的积极性。在这个氛围中，学生需要了解到评价不仅仅是对他们学习成绩的判断，更是他们学习过程的一部分，是他们提升自我认知、发展学习技能的重要手段。学校还需要通过一些活动，如研讨会、讲座等，提高学生对评价的理解和重视，提升他们参与评价的积极性和主动性。

学生参与评价过程也需要教师的引导和支持。教师应以开放和接纳的态度接受学生的评价，不仅要欣赏和赞扬学生的优点，还要耐心接纳学生的不足，给予学生改进和进步的机会。教师还需要提供足够的指导，帮助学生理解评价的目标和方法，以及进行有效的评价。

（五）引入技术手段支持评价过程

在现代化的教学评价过程中，引入技术手段显得尤为重要。在高校体育教学评价中，新兴的技术手段，如视频录像、传感器设备、在线平台和应用程序等，为评价的准确性和效率带来了革新性的提高。这些新技术的应用不仅准确地记录了学生的体能指标和运动技能表现，还为评价的数据收集和管理提供了新的途径。

视频录像可以实时记录学生的运动表现，进而分析他们的运动技能、策略运用、身体协调性以及规则遵守情况等。这些信息对于教师来说，是一种直观的反馈，能够帮助他们精准地评价学生的运动表现，同时能为课程的调整和优化提供依据。此外，视频录像也能够让学生反复观看自己的运动过程，从而发现并改正自己的错误，提高自我评价和反思能力。

传感器设备在体育教学评价中的应用，为教学评价的精细化提供了可能。这些设备可以测量学生的运动数据，如步频、步长、心率、运动速度等，这些数据可以作为评价学生体能和运动技能的重要依据。这样的实时、准确的数据，既可以帮助教师更好地理解学生的运动状态和改进方向，也可以帮助学生了解自己的运动表现和提升目标。

在这个数字化的时代，利用在线平台和应用程序进行评价数据的收集和管理，是提高评价效率和准确性的重要途径。在线平台可以实现评价的自动化，即自动收集、整理和分析评价数据，以便快速地生成评价报告。此外，应用程序可以让学生随时查看自己的评价结果，了解自己的学习进度和需要改进的地方。这些工具不仅为教师提供了便利，还可以让学生更加积极地参与评价过程。

SPORTS

第四章 高校体育教学创新性模式探索

第一节 程序教学模式

一、程序教学模式概述

（一）程序教学模式的概念

程序教学模式是指把教学内容按照逻辑顺序加以系统编排，形成一个个由浅入深的知识单元所构成的教学程序，学生以知识单元为单位，按小步子原则进行学习的一种教学模式。[①]它实质上是体育教学模式群中的"低级"体育教学模式。之所以这样认定，是因为这种教学模式一般都规定有严格的可操作的"小步子"，学生学习时是不准许出"轨"的。但是，由于这种教学模式可以有分支式运行程序，有利于区别对待每一个学生，在因材施教上，体育程序教学模式优于传统的体育技能教学模式。

（二）程序教学模式的运行程序

程序教学模式的运行程序有两类：直线式和分支式。

---

① 冯克诚. 课堂教学设计当用图式表格全集 [M]. 呼和浩特：内蒙古大学出版社，2000：115.

1. 直线式

直线式教学模式以逐步深化的方式进行教学，将教材内容按照难易度排列，逐步呈现给学生。在这种模式中，每一步的学习都建立在上一步的基础上，从而形成一种连续的学习过程。在每一步结束后，学生需要完成相应的练习或测试，如果答对，就可以进入下一步的学习，如果答错，需要返回上一步，重新学习和理解。直线式教学模式的优点在于，它遵循了知识的层次性和连续性原则，可以使学生的学习有条不紊。但是，它也存在一定的局限性，即它未能充分考虑到学生的个体差异，有的学生可能在某一步上花费的时间和精力比其他学生要多。

2. 分支式

分支式教学模式是为了适应学生的个体差异而设立的一种教学模式。在这种模式中，学生在学完一个单元内容后，需要完成一个有多个选择答案的测验。如果答对，他们可以进入下一个单元进行学习；如果答错，他们需要返回上一个单元，或者进入适宜的单元进行学习。分支式教学模式具有一定的灵活性，它允许学生根据自己的学习进度和理解程度自由选择学习路径。答对的学生可以一直沿着主线前进，他们的学习速度会比较快；而答错的学生则进入分支或者亚分支进行学习，他们的学习速度会相对较慢。这种教学模式旨在让所有的学生都能按照自己的节奏，最大限度地掌握和理解教材内容。

二、程序教学模式的理论基础

（一）操作性条件反射原理

操作性条件反射原理是由斯金纳在 20 世纪中叶提出的一种学习理论，主要通过对动物的实验研究得出。这种理论是行为主义学派的重要组成部分，与经典的巴甫洛夫条件反射理论相辅相成。

根据斯金纳的观察，他将行为划分为两大类：一类是应答性行为，这种行为是对特定刺激的反应；另一类是操作性行为，这种行为主要源于有机体本身，与外界刺激的关系不大。这些行为与应答性反射（S型，刺激，来自英文 Simulation）和操作性反射（R型，反应，来自英文 Reaction）相对应。在 S 型条件反射中，强化与刺激直接关联，而在 R 型条件反射中，强化与反应直接关联。

以网球教学为例，学生通过对每个技术动作的反复练习，逐步熟练掌握每个技术动作，这就是操作性条件反射原理的体现。学生的每次挥拍动作和对网球落点的控制都可以看作是操作性行为，而每次成功击球则是对这些行为的强化。随着练习次数的增加，学生对技术动作的掌握程度逐渐增强，最终形成正确且完整的动作定型。

操作性条件反射原理的重要性在于，它解释了行为是如何通过反复强化和实践来形成的，它强调了学习过程中实践和经验的重要性，这对教学实践有重要的指导意义。在教学过程中，教师可以利用操作性条件反射原理，设计合适的教学活动和任务，通过强化学生的正确行为，促进学生的学习和技能的掌握。同时，教师需要注意，强化应当及时和恰当，否则可能会导致学生产生错误的行为或习惯。

（二）强化理论

强化理论是由行为心理学家斯金纳提出的一种学习理论，该理论认为，学习的过程其实就是一种对所学知识和行为不断强化的过程。根据斯金纳的理论，强化可以分为积极强化和消极强化两种。

积极强化是一种增强行为的方式，通过给予积极的反馈或奖励以增强特定的行为或反应。例如，在教学过程中，教师的表扬和肯定，或者学生自我良好的体验，都可以被看作是积极强化。

消极强化则是通过消除不愉快的刺激来强化行为。比如，教师的皱眉或是语言提示可能让学生意识到他们的行为不合适，从而去改正它，这种改正的行为就被消极强化了。不过，斯金纳强调，不能混淆了积极强化和消极强化的作用。消极强化并不等同于惩罚，而且，惩罚往往效果并不显著。他的实验表明，惩罚只会暂时降低某个动作的反应概率，而不能减少消退过程中反应的总次数。因此，惩罚是一种短视行为，无法真正解决问题。

斯金纳的强化理论在教学中的应用显而易见。他提出的强化列联，是由辨别刺激、行为或反应、强化刺激这三个变量组成的，它能使某个行为得到建立并得到及时强化。在教学过程中，教师需要精确地分析强化效果并设计特定的强化列联，以达到最佳的教学效果。

在球类技术动作的学习中，强化理论尤为重要。教师可以通过设计合适的教学程序，使学生对每一个小步骤进行多次练习，以强化对动作的理解和掌握。每一次的成功练习，都是对某个动作的进一步强化，直到学生能够完全掌握。例如，在网球发球教学中，学生通过一系列的练习程序来学习发球技术，每一次成功的发球都是对发球动作的一种强化，最终学生能够发出高质量的球。

斯金纳的强化理论提供了一种有效的学习和教学方法。通过不断强化，学生可以更好地掌握知识和技能。此外，这种理论还可以应用到更广泛的领域，如工作场所的行为管理，以及个人的自我改进等。其关键在于，要了解和掌握何时以及如何使用强化，以使其发挥最大的作用。

（三）控制论

控制论是一种关注系统行为的理论，它被广泛地应用于各种不同的领域，其中就包括教学。在程序教学中，控制论的理念被用来建立一种闭环控制系统，该系统通过反馈机制进行自我调整，以确保学生能够沿预定路径有效地达到教学目标。

理解控制论的基本原理对于理解其在程序教学中的应用至关重要。在一个闭环控制系统中，输出结果会被反馈回系统，然后用于调整输入，以减小输出结果与预期目标之间的偏差。这种反馈机制使得系统能够适应环境变化，并进行自我调整以达到预定目标。

在程序教学中，学生的学习过程就是一个闭环控制系统。教师首先设定一个明确的教学目标，然后设计教学活动和材料以引导学生朝这个目标前进。在学生的学习过程中，教师会通过各种评价方式和检验方法收集学生的学习反馈信息，以了解学生的学习进度和掌握情况。这些反馈信息会被用来调整教学活动和材料，以解决学生在学习过程中遇到的问题，以及改进教学效果。通过这个反馈控制系统，学生的学习结果可以更接近预设的目标。

例如，在体育教学中，教师可以利用教学手段和程序材料，来控制学生学习技术的过程。通过反馈控制渠道，教师可以了解学生的掌握情况，并对教学程序进行及时的调整和改进，从而提高教学的科学性。

控制论在程序教学中的应用，使得教学过程成为一种科学的、可控的过程，它强调了反馈的重要性，以及基于反馈进行自我调整的能力。通过这种方式，教学可以更加精确地满足学生的需求，有效地提升他们的学习效果。

（四）心理学基础

1. 行为主义心理学

行为主义心理学是一种关注可观察得到的行为，而非主观感受或思维的心理学理论。它的核心观点是，行为是对环境刺激的反应，人们可以通过改变环境刺激来改变行为。在教学中，这种理论将学习视为刺激—反应的过程，强调教师如何合理地安排教学刺激，以促进学生的学习反应。

在行为主义心理学的视角下，强的刺激会导致强的反应，反之弱的刺激会导致弱的反应。这就意味着，教师应该设计和提供强度适当的学习刺激，以引发学生的强烈学习反应，并促使他们获得最优的学习效果。

当然，这并不意味着刺激越强，学习效果就越好。事实上，过度的学习任务可能会提高学生的学习焦虑水平，进而降低他们的学习效率。因此，教师需要找到合适的刺激强度，它既能引发学生的积极反应，又不会导致他们产生过高的学习焦虑。

在程序教学中，这意味着教师需要科学合理地编制教学程序，以提供适度的刺激，促进学生的学习反应，并尽可能地降低他们的学习焦虑。只有这样，才能真正实现优质的教学效果，帮助学生在学习过程中取得进步。

2.体育心理学原理

体育心理学原理深入探讨了学习者的内在动因，也就是动机，这是激发个体行动以实现特定目标的驱动力。这种驱动力可以以欲望、兴趣或理想等形式呈现，并为个体的行为提供持续的动力。在体育教学中，学生的学习动机就是推动他们学习运动技术、积极参与体育活动的心理驱动力，是他们掌握运动知识和技能的前提。

学习动机通常由学习的自觉性和对学习内容的直接兴趣两个心理元素构成。学生对体育活动的学习动机，其自觉性和直接兴趣是相互促进的，而在特定条件下，它们也可以相互转化。学习的自觉性能进一步提高学生对学习内容的直接兴趣，反之，对学习内容的直接兴趣也能促进学生提高学习的自觉性，从而使学习效果更加理想。

程序教学模式在提高体育技术教学效果上起到了积极作用。它能刺激学生的学习兴趣，进而提高他们的学习自觉性。这使得学生从被动地接受知识转变为主动地学习，这样的学习方式更能激发他们的学习激情，提高他们的学习效率，最终帮助他们掌握更多的技能和知识。

三、程序教学模式的实施原则

（一）小步子原则

小步子原则是程序教学模式的核心原则之一，也是体现逐步递进学习过程的重要方式。在教学过程中，教师通过将所教内容进行精细切割，将复杂的知识点或技能分解为一系列较小、较易掌握的部分，也就是"小步子"。这些"小步子"依照一定的顺序，逐渐增加难度连续呈现，使学生通过掌握每个小步子，最终理解并掌握整个知识点或技能。这种分解的教学策略能让学生更好地理解和掌握内容，避免因学习过程中的困难而导致的挫败感，从而提高其学习效率和学习兴趣。同时，如果遇到困难，学生可以返回上一步的学习，重新巩固和理解，这有助于提高学习的成功感和自信心。

（二）即时强化原则

即时强化原则强调在学习过程中对学生正确的反应进行及时的强化和奖励。当学生遇到学习难题时，如果没有得到及时的指导和帮助，他们可能会感到困惑甚至选择放弃。在程序教学中，学生可以通过返回上一步，自我纠正和强化已学习的内容，从而达到即时强化的效果。心理学研究发现，及时的正向反馈可以有效增强学习者的自信心，提高学习兴趣，促进主动学习。通过即时强化，学生可以更深入地理解和记忆知识，提高学习效率。

（三）自定步调原则

自定步调原则主张尊重学生的个体差异，允许学生根据自己的学习速度和掌握程度调整学习进度。在传统的教学模式中，教学进度通常由教师控制，这可能会忽视学生之间的学习差异，导致一部分学生难以跟上教学进度，而一部分学生的学习需求得不到满足。在程序教学中，学生可以根据自己的情况选择学习的步调和路径，这既可以满足不同水平学生的学习需求，又能提高教学效率。

（四）主动反应原则

主动反应原则强调学生在学习过程中的主动性和自我反馈的重要性。

在程序教学中，学生需要按照预定的学习步骤，主动地进行学习和反馈。每学习完一个"小步子"，他们可以得到及时的强化或奖励，这不仅使学生始终保持积极的学习状态，还能增强他们对学习的兴趣。主动反应原则鼓励学生积极参与学习，通过不断主动反应，提高学习的深度和广度，最终提升学习效果。

四、高校体育教学中程序教学模式的实施程序

高校体育教学中的程序教学模式实施过程是一种迭代的过程，它分为四个主要步骤：需求分析、教学设计、教学实施和教学评估，如图4-1所示。

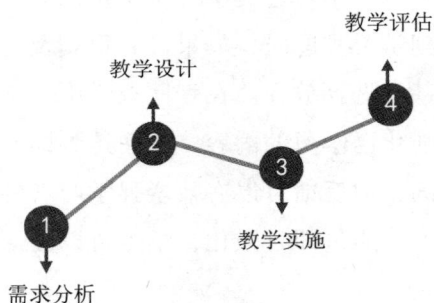

图4-1　高校体育教学中程序教学模式的实施程序

（一）需求分析

在开始任何教学计划之前，教师都需要进行需求分析。在高校体育教学中，需求分析主要包括学生的体质状况、体育技能水平、学习动机、学习习惯等方面的评估。同时，教师需要分析学生的个人特征，如年龄、性别、兴趣、体质等，以便制定更贴近学生需求的教学计划。

需求分析的主要目的是了解学生的真实需求，从而更好地满足他们的学习需求，提高他们的学习动力。同时，需求分析可以帮助教师了解

学生的知识储备，以便在教学过程中做出适当的调整。

需求分析是程序教学模式的基础，因为它直接影响教学设计、教学实施和教学评估的效果。教师只有深入了解学生的需求，才能设计出科学、有效、满足学生需求的教学计划，从而提高教学效果。

（二）教学设计

根据需求分析的结果，教师可以开始进行教学设计。教学设计的主要目标是创建一个有效的教学计划，以满足学生的学习需求。

在高校体育教学中，教学设计应遵循程序教学模式的特点，将教学内容分解为一系列的"小步子"，每个"小步子"都是一个独立的知识点或技能点，学生可以通过循序渐进的方式逐步掌握这些知识点或技能点。

教学设计也应考虑到学生的学习节奏和学习习惯，设计出符合学生学习节奏的教学计划，以增强学生的学习效果。教学设计还应包括教学评估的设计。教学评估的目标是评估学生的学习效果，包括知识理解程度、技能掌握程度、学习态度等方面。通过教学评估，教师可以了解学生的学习进度，从而进行适时的教学调整。

（三）教学实施

教学设计完成后，接下来就是将教学计划付诸实施。在高校体育教学中，程序教学模式的实施主要涉及以下几个方面。

（1）教师需要清晰、简洁地介绍每个教学环节，使学生明了自己在每一阶段的学习目标和要求。教师的讲解要深入浅出，使学生对理论有所了解。

（2）教师要有效组织练习。练习是学生掌握技能的关键，也是程序教学模式的重要环节。教师应设置各种情境，让学生在实践中掌握技能，同时提供及时反馈，让学生了解自己的错误和不足，并进行改正。

（3）教师应激发学生的学习兴趣和动机。在程序教学模式中，学生是学习的主体，教师的角色更多的是引导者和协助者。教师要尊重学生的个性，激发学生的学习兴趣和动机，使学生能主动参与学习。

（4）教师要关注每个学生的学习进度。程序教学模式强调个体化的学习，每个学生的学习进度可能不同。教师要根据学生的学习进度，调整教学计划，以适应学生的学习需要。

（四）教学评估

教学评估在程序教学模式中占据至关重要的地位。这一步骤不仅仅是对学生的学习成果进行评估，更是对整个教学过程和方法的反思和评价，旨在确保教学目标的实现和教学质量的提高。具体而言，教学评估主要涉及以下几个方面。

（1）从学生的学习效果出发，程序教学模式的教学评估应着重考查学生是否成功掌握了每一个"小步子"的知识点或技能点。每一个"小步子"都可以视为一个微型的教学目标，学生能否掌握这些目标，能够有效地反映他们的学习效果。评估可以采用各种方式，如口头提问、书面测试、实际操作演示等，其关键在于能够有效地检验学生对知识点或技能点的理解和应用。

（2）教学评估应关注学生的学习过程。在程序教学模式中，学生的学习是逐步推进的，他们只有通过前一步的学习测试才能进入下一步。因此，学生在学习过程中遇到的困难、采取的解决策略、表现出的学习态度等，都是评估的重要内容。这些信息可以通过观察学生的学习行为、倾听学生的反馈、查看学生的学习记录等方式获取，对教师了解学生的学习状况、调整教学策略具有重要价值。

（3）教学评估应包括对教学策略的反思和评价。程序教学模式强调个体化的教学，教师需要根据每个学生的需求和特点制定和调整教学计划。因此，评估也应考察教学策略是否符合学生的需求，是否有效促进了学生的学习。这需要教师反思自己的教学行为，比如是否充分考虑了学生的差异，是否合理安排了教学进度，是否提供了有效的学习支持等。

第二节　俱乐部教学模式

一、俱乐部教学模式概述

（一）俱乐部教学模式的概念

俱乐部教学模式是指以终身体育为指导思想，打破传统的班级授课制，学生自主选择项目、教师、时间组合为新的教学班，以俱乐部的组织形式进行体育课的一种教学模式。[①]它只是众多教学模式中的一种，其目的是增强学生体质，提升体育文化素养，最终形成终身体育锻炼的习惯和健康、科学、文明的生活方式。

（二）俱乐部教学模式的优势

1.激发大学生体育学习兴趣

俱乐部教学模式在高等教育中发挥着越来越重要的作用，它尊重并强调学生的主体地位，为学生提供了更大的自由度和选择权，帮助学生从被动式学习转变为主动式学习。在传统的体育教学模式中，学生往往需要遵循教师的指导和安排，而在俱乐部教学模式中，学生可以根据自己的兴趣选择体育项目，选择自己喜欢的教师，甚至可以根据自己的时间安排选择上课时间。这样的教学模式有利于激发学生的学习兴趣，调动他们的积极性，使他们更愿意投身于体育活动。俱乐部教学模式还为学生提供了更多的学习资源和机会。学生可以通过参与不同的俱乐部活动，与来自不同背景和水平的学生交流和学习，从而拓宽视野，增强自

---

① 于海，张宁宁，骆奥.高校体育教学与训练实践研究[M].长春：吉林人民出版社，2021：88.

己的体育技能和素质。

2. 拓展高校体育教学空间

俱乐部教学模式对传统的体育教学模式进行了创新，它拓宽了体育教学的空间，推动了体育教学的社会化和娱乐化。首先，俱乐部教学模式强调学生的学习主体性和教师的教学主导功能。学生可以自由选择教师、课程和上课时间，这样的学习环境有利于提高学生的学习兴趣和动力，增强学生的学习自由度。其次，俱乐部教学模式利用社交网络和线上平台，为学生提供了更多的学习渠道和资源。学生可以在课堂外自由学习，通过互动和合作，增强体育技能和知识。最后，俱乐部教学模式将体育教学与娱乐活动相结合，使学生在享受运动乐趣的同时，能学到知识和技能。这种娱乐化的教学方式有助于增强学生的学习兴趣，提高他们的学习动力。

3. 实现课内外教学一体化

在高校体育教学中，实现课内外教学一体化是程序教学模式的重要组成部分，它以课堂教学为核心，同时利用课外活动来补充和深化课堂的学习，达到更全面、更深入的教学效果。体育课内外一体化教学模式高度重视教师的主导作用，认为教师是教学过程中的关键角色。在课堂上，教师负责传递知识和技能，激发和培养学生的学习兴趣，教授有效的学习方法；在课外，教师则担任组织、管理和指导的职责，挖掘和激发学生的主体意识，提高他们的团队协作能力，塑造他们的团队精神并培育他们的终身体育理念。

在有限的课堂教学时间内，很难完成所有的教学目标，因此课外活动的重要性在此模式中得到了强调。将课外体育活动、早操等纳入高校体育教学的管理中，使得课内教学和课外活动形成一个完整的、相互融合的教学模式，以弥补课堂教学时间的不足。俱乐部教学模式便是这种课内外一体化教学理念的体现。它基于各类体育项目，旨在实现课堂学习和课外锻炼的有机结合。通过将学生的个人状况和兴趣爱好紧密联系在一起，该模式不仅强化了课堂的体育锻炼和学习，还促进了课外活动时间的体育锻炼。

二、高校体育教学中俱乐部教学模式实施的要点

高校体育教学中俱乐部教学模式的实施应该注重以下七个关键要点，如图 4-2 所示。

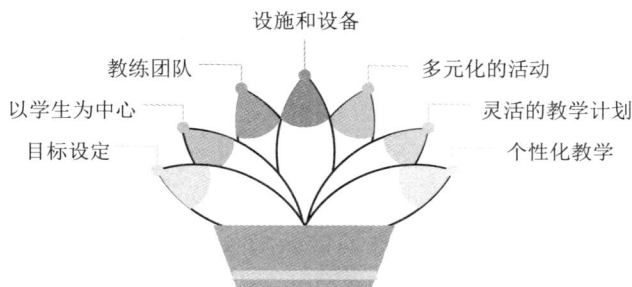

设施和设备

教练团队　　　　　　　　多元化的活动

以学生为中心　　　　　　灵活的教学计划

目标设定　　　　　　　　个性化教学

高校体育教学中俱乐部教学模式实施的要点

图 4-2　高校体育教学中俱乐部教学模式实施的要点

（一）目标设定

目标设定是高校体育教学中俱乐部教学模式实施的第一个重要步骤。一个明确的目标设定不仅可以提供一个清晰的发展方向，还可以帮助成员们理解他们的角色和责任。俱乐部的目标包括多个方面，比如提升学生的运动技能，提高他们的身心健康，培养他们的团队精神和领导能力等。

在设定目标时，教练应该考虑到学生的个人需求和期望，以及学校的大环境。例如，如果学校是一个重视体育的学校，那么提高学生的运动技能可能是一个重要的目标。如果学校是一个偏重学术的学校，那么提高学生的身心健康和团队精神可能更为重要。

目标设定的过程应该是开放和参与性的。这意味着教练应该鼓励学

生参与这个过程，以确保设定的目标是被广泛接受的，并且能够反映出所有人的需求和期望。教练可以通过问卷调查、面对面的访谈、小组讨论等方法来收集学生的意见和建议。

一旦设定了目标，教练就应该把它们融入所有的俱乐部活动中去。这可能需要制定一些策略和计划，比如定期的技能训练、健康教育讲座、团队建设活动等。同时，教练需要定期评估教学进度，以确保教学的有效性，即教学符合设定的目标。

（二）以学生为中心

以学生为中心的教学模式是一种教育理念，它强调学生在学习过程中的主体地位。在这种模式下，学生不仅仅是被动的知识接受者，更是学习的主动参与者和推动者。他们被鼓励自我管理、自我训练，并参与到决策过程中来。

在俱乐部教学模式中，以学生为中心的教学能够发挥非常积极的作用。

首先，它可以提高学生的参与度和积极性。当学生感到他们在学习过程中有主动权时，他们会更加积极地参与活动，更愿意尝试新的事物，更能从活动中感受到乐趣。

其次，以学生为中心的教学也有助于提高学生的自我管理能力和自我学习能力。通过参与决策过程，学生可以学会如何制定目标、如何规划时间、如何解决问题等。这些能力不仅在学习过程中很重要，还对他们的未来生活有很大的帮助。

最后，以学生为中心的教学还可以帮助学生建立更强的社区感。当学生参与决策过程时，他们会感到自己是俱乐部的一部分，他们的意见和想法是被重视的。这种社区感可以增强他们的归属感，从而提高他们的满意度和忠诚度。

为了实现以学生为中心的教学目标，教练需要做到以下几点。

第一，教练需要对学生的思想和建议持开放态度，并鼓励他们积极参与决策过程。例如，教练可以让学生参与训练计划的制定，或者让他们在比赛策略的选择上发表意见。这种方式不仅可以增强学生的参与感和责任感，还有利于培养他们的团队合作能力和领导力。为了实现这一目标，教练可能需要采取一些新的教学方法，比如组织小组讨论，进行项目式学习等。

第二，注重培养学生的自我管理能力和自我学习能力。体育运动本身就需要运动员具备良好的自我管理能力，比如坚持训练、保持健康的生活方式等。为此，教练可以提供一些训练和工具，帮助学生提高这些能力。比如，教练可以教授学生如何设置和实现运动目标，如何安排和优化训练计划，如何通过反思提高运动表现等。

第三，教练应定期收集和分析学生的反馈。教练应该定期和学生进行交流，了解他们对训练计划、教学方法、俱乐部活动等的意见和建议。这样可以帮助教练了解学生的需求和期望，及时调整教学计划和策略，以更好地满足学生的需求。这不仅可以提高教学的效果，还可以增强学生的满意度和忠诚度。

（三）教练团队

教练团队是体育俱乐部成功的关键因素之一。一支优秀的教练团队不仅要具备专业知识和技能，还需要有良好的沟通能力和教学技巧。他们的任务不仅仅是教授学生运动技能，更重要的是帮助学生形成健康的生活习惯，理解和尊重竞争精神和团队合作。

教练应具备专业知识，他们需要理解并精通教授的运动项目，这既包括技术层面的知识，也包括战术策略、运动员身心健康、运动伦理等方面的理解。这些知识能够让教练高效地传授技能，同时能够帮助他们更好地应对训练中的各种挑战。

良好的沟通能力也是教练必备的技能之一。他们需要清楚、直接、有耐心地与学生交流，以确保学生理解并执行训练计划。此外，教练还应能够有效地与学生的家长、其他教练和俱乐部管理层进行沟通。

优秀的教练还需要具备良好的教学技巧，这包括能够设计并执行有效的训练计划，能够根据学生的需求和能力进行个性化教学，能够激发学生的积极性和热情，以及能够提供积极而有效的反馈等。

当然，教练的角色并不仅仅是一名训练者，他们还是学生的指导者和榜样。他们需要通过自己的行为来展示良好的运动态度和精神，同时需要教导学生如何在运动中形成和维持这些态度和精神。

为了建立和维持一支优秀的教练团队，俱乐部需要提供持续的教育和培训机会，让教练能够不断提升自己的知识和技能。同时，俱乐部需要提供一个积极和支持性的环境，让教练能够分享他们的经验和想法，互相学习和成长。

（四）设施和设备

设施和设备对于高校体育教学中俱乐部教学模式的实施至关重要。无论是场地设施，比如运动场、游泳池、体育馆，还是运动器材和训练设备，如篮球、足球、瑜伽垫、健身器材等，都直接影响学生的学习效果和体验。

高质量的设施可以为学生提供一个安全、舒适的学习环境。例如，良好的灯光和通风系统、恰当的地面材质、宽敞的空间等，都能帮助学生更好地集中注意力，提高学习效率。同时，良好的设施能减少运动伤害的发生，提升学生运动的安全性。

适当的设备可以帮助学生更有效地学习和训练。例如，高质量的运动器材可以提高学生的运动性能，加强训练效果。专业的训练设备，如跑步机、力量训练器材等，可以帮助学生更精准地锻炼特定的肌肉群，提高体能。

设施和设备也能体现俱乐部的专业性和品牌形象。当学生看到俱乐部提供的都是高质量、专业的设施和设备时，他们会更信任俱乐部，更认同其教学理念和方法。

当然，人们也要认识到，优质的设施和设备可能需要较大的投入。这不仅包括初期的购买成本，还包括后期的维护和更新成本。因此，俱乐部需要有明智的财务规划，以确保有足够的资源来支持设施和设备的需求。在实践中，俱乐部可以根据其目标、学生的需求和预算，选择最合适的设施和设备。同时，俱乐部可以通过与其他组织合作，如共享设施、租借设备等方式，来降低成本，提高效率。

（五）多元化的活动

多元化的活动是实施高校体育教学中俱乐部教学模式的一个至关重要的方面，旨在创建一个环境，兴趣和能力不同的学生都能在其中找到他们喜欢的活动，从而提高参与度和满足度。通过提供各种类型的运动和活动，无论是团队运动、个人运动，还是极限运动，甚至是新兴的电子竞技，体育俱乐部都能够创造一个包容性的运动社区，吸引不同兴趣和技能的学生。

团队运动，如足球和篮球，提供了一个学习团队合作、增强沟通能力和解决问题能力的平台。个人运动，如跑步和游泳，则让学生有机会提升自我挑战的能力，培养耐心和毅力。极限运动，如攀岩和滑雪，鼓励学生勇于探索、克服困难、塑造自我。而新兴的电子竞技则吸引了一部分对传统体育活动不太感兴趣，但对竞技和技术感兴趣的学生。

为满足不同能力和经验的学生，提供不同难度和强度的活动是至关重要的。设计适合初学者的活动可以帮助他们建立信心，学习基础技能，融入体育社区中。同时，对于有一定经验和技能的学生，中等难度的活动可以挑战他们的技能，激发他们的潜力。对于高水平的学生，更高难度的活动可以挑战他们的极限，满足他们追求卓越的欲望。

除了这些正式的体育活动，俱乐部也可以举办一些与运动相关的非正式活动，如运动讲座、电影观看，以及外出旅行等。这些活动丰富了学生的学习体验，提供了一个更宽广的学习领域，可以帮助学生更全面地理解运动，更深入地参与俱乐部生活。

（六）灵活的教学计划

灵活的教学计划在俱乐部教学模式中占有举足轻重的地位。在俱乐部环境下，相较于传统课堂教学模式，它能提供更多的可能性，以满足学生的需求和偏好。俱乐部教学模式使教练有更多空间和自由度来调整教学策略，创新教学方法，而不是被固定的课程大纲所限制。这种灵活性体现在对教学进度、教学内容、活动时间以及教学方法等方面的调整上。

适应学生的学习进度是灵活教学计划的一项重要考量。因为每个学生的学习速度和能力都是不同的，他们在掌握新技能和新知识方面的进度也有所不同。因此，教练需要根据学生的学习进度和能力进行教学计划的调整，以便提供个性化的教学支持。

灵活的教学计划还可以调整活动时间以适应学生的日常时间安排。高校学生的日程通常较为紧张，可能难以配合固定的活动时间。在这种情况下，提供不同的时间选择能使学生根据自身的课程表和时间安排选择最适合的活动时段。

此外，灵活的教学计划也可以根据俱乐部的目标和战略进行调整。在比赛季节，俱乐部可以加大训练强度，而在假期，俱乐部可以提供一些轻松有趣的活动，如户外探险、团队建设活动等，以丰富学生的体验并强化团队精神。

（七）个性化教学

个性化教学是高校体育教学中俱乐部教学模式的另一个核心要点。个性化教学是针对每个学生的需求、兴趣、能力和身体条件进行定制化教学的方法。这种方法的实质是尊重每个学生的个性，关注他们的个体差异，发掘他们的个人潜能，鼓励他们的自主学习，以提高他们的学习效果和满意度。

在体育俱乐部中，个性化教学的实现主要依赖于教练的专业知识、技能和教育理念。教练需要了解每个学生的特点和需求，设计合适的教学计划和教学方法，提供有效的反馈和评估，以支持学生的学习和发展。

个性化教学也意味着每个学生都能在学习过程中得到充分的关注和支持。在这个过程中，学生不仅能提高运动技能，还能提高自我管理能力、团队合作能力和解决问题的能力，这些都是他们未来生活和职业发展的重要技能。

然而，个性化教学并非易事。它需要教练具有高度的敬业精神和专业素养，需要教练能够建立与学生的互信关系，能够尊重和理解学生，能够发现和激发学生的潜能。同时，俱乐部需要为学生提供支持和资源，如合适的设施和设备、足够的时间和空间、有效的教学管理和评估制度等，以保证个性化教学的顺利实施。

三、俱乐部教学模式实施的程序

俱乐部教学模式的实施程序可以根据具体情况和俱乐部的特点进行调整，图 4-3 是一般的实施程序示例。

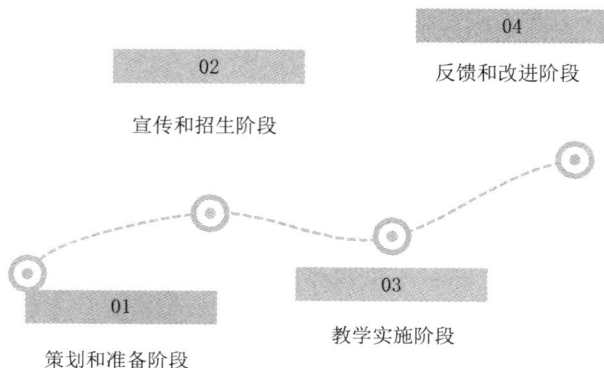

04
反馈和改进阶段

02
宣传和招生阶段

01
策划和准备阶段

03
教学实施阶段

图 4-3　俱乐部教学模式实施的程序

（一）策划和准备阶段

策划和准备阶段是实施高校体育教学中俱乐部教学模式的第一步，是成功实施该教学模式的基础。

1. 确定教学目标

明确俱乐部的教学目标和培养方向是策划和准备阶段的核心任务。这些目标包括提高学生的技能水平、促进团队合作精神、培养领导能力等。目标的设定应根据学生的需求和期望进行，并应在所有俱乐部活动中得到体现。

2. 制定教学计划

在确定教学目标后，需要制定教学计划。这个计划应包括详细的课程内容、教学方法、时间安排等。在制定教学计划的过程中，教练需要根据教学目标来确定课程的重点和难点，选择合适的教学方法和手段，并合理安排教学时间和进度。

3. 确定资源需求

确定所需的教学资源，包括教材、设备、场地等。如果需要购买新的教材或设备，还需要进行采购。如果需要使用特定的场地，还需要提前预约和安排。

4. 确定教练团队

选择和培养一支优秀的教练团队对实施俱乐部教学模式至关重要。教练团队需要具备相关的专业知识和教学技能，能够有效地指导和支持学生的学习。此外，教练团队也应具备良好的沟通能力和团队合作精神，能够与学生建立良好的关系，帮助他们解决学习中的问题。

（二）宣传和招生阶段

宣传和招生阶段是实施高校体育教学中俱乐部教学模式的第二步，其主要目标是吸引并招募学生。

1. 宣传俱乐部教学活动

俱乐部需要通过各种途径（如海报、社交媒体、口碑传播等）宣传俱乐部的教学活动，以引起学生的兴趣和关注。这些宣传活动应该清晰地展示俱乐部的教学目标、课程内容、教学方法等信息，以帮助学生了解俱乐部和做出选择。

2. 招生和报名

俱乐部需要设立便捷的报名通道，以接收和处理学生的报名申请。在处理报名申请的过程中，俱乐部应对学生的基本信息、运动背景、兴趣爱好等进行评估，以确保录取的学生与俱乐部的目标和活动相匹配。招生过程也应公平公正，以保证所有有兴趣的学生都有机会参与。

（三）教学实施阶段

教学实施阶段是高校体育教学中俱乐部教学模式的核心阶段，包括教学活动的组织、学习资源的提供、学生的指导和辅导以及学生表现的评估等任务。

1. 组织教学活动

教练团队需要根据制定的教学计划，有序地组织各项教学活动。这些活动包括理论教学、实际操作、团队合作等多种形式。为了提高教学效果，教练团队还需要灵活地调整教学计划和方法，以适应学生的学习进度和需求。

2. 提供学习资源

俱乐部需要为学生提供相关的学习资源，如教材、参考资料、实验设备等。这些资源应丰富全面，以支持学生的自主学习。俱乐部也可以通过网络等方式，为学生提供更多的学习资源和学习机会。

3. 指导和辅导学生

教练团队应对学生进行指导和辅导，解答他们的问题，帮助他们克服学习困难。这需要教练团队具备良好的专业知识和教学技能，能够及时准确地指导学生，提高他们的学习效率和效果。

4. 评估学生表现

俱乐部需要定期进行学生的评估，以了解他们的学习进度和效果。评估的方式多样，如考试、作业评审、项目展示等，评估的主要目的是了解学生的学习状态，提供反馈，以调整教学计划和方法。

（四）反馈和改进阶段

反馈和改进阶段是高校体育教学中俱乐部教学模式的最后一个阶段，其主要任务是收集和分析学生的反馈、改进教学活动、总结和分享经验。

1. 学生反馈收集和分析

俱乐部需要定期收集学生的反馈意见和建议。学生的反馈是了解教学效果、课程内容和教学方法等是否符合学生需求的重要途径。俱乐部可以通过问卷、访谈、讨论等方式，详细了解学生的学习体验和需求。

2. 教学活动改进

根据学生的反馈和教学效果，对教学活动进行改进和调整。这涉及教学内容、教学方法、学习资源、评估方式等多个方面。教学活动改进的目标是提高教学质量，提升学生的学习体验，促进他们的学习进步。为了达到这个目标，教练团队需要进行反思和学习，寻找更有效的教学策略和方法。

3. 经验总结和分享

经验总结和分享是对教学实践的反思和提炼，也是对其他教师或俱乐部成员的启示。俱乐部可以通过报告、讲座、研讨会等方式，分享教学实践，让其他教师或俱乐部成员从中受益。

第三节　快乐体育教学模式

一、快乐体育教学模式概述

（一）快乐体育教学模式的概念

快乐体育教学模式是一种新颖的教学理念和方式，它以学生的身心健康和全面发展为核心，注重培养学生的积极情感态度和运动习惯，通过创设有趣、轻松的教学环境和活动，使学生在享受运动乐趣的同时，达到预定的教学目标。

（二）快乐体育教学模式的特征

1. 趣味性

快乐体育教学模式显著的特征之一就是趣味性。该模式强调的不仅仅是传授运动技能，更重要的是激发和保持学生对体育活动的兴趣和热情。在这种教学模式中，教师通常会选择一些有趣、富有挑战性的运动项目，并利用各种创新的教学方法，如游戏教学、竞赛教学等，使学生在参与运动项目的过程中感到快乐和满足。同时，教师会通过积极的课堂氛围和良好的师生关系，增强教学活动的趣味性。增强教学活动的趣味性，不仅可以提高学生的学习兴趣和学习动力，还可以改善他们的心理健康和社交技能。

2. 激励性

快乐体育教学模式的另一个重要特征是激励性。该模式鼓励教师采用各种激励策略，激发学生的学习动机，使他们更愿意主动参与体育活动。激励策略包括正向反馈、奖励制度、竞赛机制等。例如，教师可以通过表扬和鼓励，增强学生的自信心和自我效能感；可以通过设定达成目标的奖励，激发学生的进取心；可以通过组织体育竞赛，激发学生的竞争意识和培养学生的团队精神。这些激励策略可以使学生在体育活动中不断挑战自我，从而提高自己的运动技能和体育素养。

3. 参与性

参与性是快乐体育教学模式的核心特征。该模式强调学生的主体地位和主动参与性，鼓励学生在教学活动中充分发挥自我、展现自我。在这种教学模式中，学生不仅是运动的参与者，还是教学的参与者。他们可以参与课程的设计和改进，提出自己的意见和建议；可以通过团队合作和个人表现，展示自己的运动技能和领导力；还可以通过解决问题和决策，培养自己的思维能力和解决问题的能力。通过积极参与，学生可以更深入地理解和掌握体育知识和技能，同时能更好地发展自己的能力和素质。

4. 活跃性

活跃性是快乐体育教学模式的显著特征。该模式强调课堂的活跃和热烈，鼓励学生积极参与，充满活力。在这种教学模式中，教师通过各种活动和方法，如体育游戏、小组讨论、体育竞赛等，使课堂充满活力和动感。同时，教师通过积极的课堂氛围，可以激发学生的学习热情和创新精神。提高课堂的活跃性，可以使学生在参与体育活动的过程中，更好地集中注意力，提高学习效率，同时可以增强他们的团队合作能力和社交技能。

二、快乐体育教学模式构建的要点

快乐体育教学模式构建的要点主要包括以学生为中心、兴趣驱动、情感关怀和活动性教学四点，如图4-4所示。

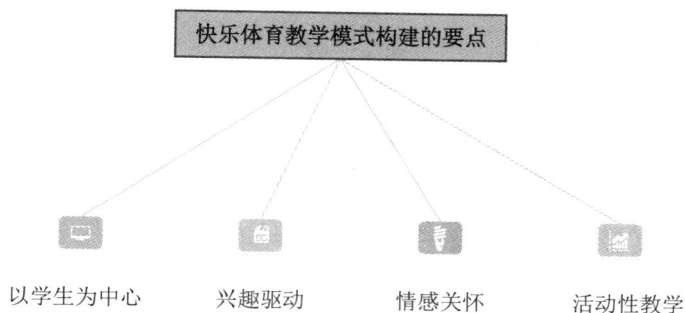

图 4-4 快乐体育教学模式构建的要点

（一）以学生为中心

以学生为中心是快乐体育教学模式构建的一个要点。在传统的教学模式中，教师通常是教学的中心，控制着教学内容和进程，而学生则是被动的接受者。然而，这种模式往往忽视了学生的个体差异和需求，可能会导致学生对学习失去兴趣和动力。因此，快乐体育教学模式倡导以学生为中心的教学理念，尊重和满足学生的个体差异和需求。以学生为中心的教学要以学生的兴趣和需求为出发点，设计和调整教学内容和方式。例如，如果学生对足球感兴趣，那么教师就可以将与足球相关的技能和知识纳入教学内容，设计一些与足球相关的活动和游戏。这样，学生就能在享受足球的乐趣中学习和提升技能，充分发挥他们的潜能。

以学生为中心的教学也要关注学生的心理和情感需求。学生在学习过程中可能会遇到各种挑战和困难，如果他们没有得到适当的支持和引导，可能会感到沮丧和挫败。因此，教师应该及时了解和关注学生的心理状态，给予他们必要的支持和帮助。同时，教师应该尊重学生的个性和选择，鼓励他们独立思考，积极表达自己的观点和想法。这样，学生就能在教学过程中感受到被尊重和关注，从而增强他们的自尊心和自信心，激发他们的学习兴趣和动力。

（二）兴趣驱动

兴趣驱动是引导学生进行有效学习的关键。人们通常认为兴趣是最好的老师，如果学生对体育有兴趣，他们会更愿意积极参与，更有动力去挑战自我，学习效果也会更好。在快乐体育教学模式中，教师可以通过设计各种有趣的运动游戏和活动，激发学生的兴趣和好奇心。例如，教师可以将传统的体育课改编为运动游戏，让学生在游戏中学习和实践运动技能。或者，教师可以组织一些与体育相关的项目或竞赛，激发学生的竞争意识和培养学生的团队精神。通过这种方式，学生不仅可以在乐趣中学习，还可以在挑战和竞争中提升自我。

（三）情感关怀

体育教学不仅重视运动技能和知识的传授，还重视学生积极的情感态度和良好的人格品质的培养。快乐体育教学模式强调，教师应该关注学生的情感需求，理解他们的感受，尊重他们的个性，帮助他们建立自信、乐观和合作的态度。同时，教师应该关注学生的心理健康，为学生提供支持和指导，帮助他们解决问题和应对挑战。在快乐体育教学模式中，教师可以采用积极的反馈和鼓励方式，让学生感受到被认可和赞赏，以增强他们的自尊心和自信心。此外，教师还可以倡导团队合作和友善竞争，营造积极向上的班级氛围，让学生在相互支持和互动中培养友谊和团队精神。

（四）活动性教学

传统的教学模式往往重视知识的传授，而忽视实践活动的重要性。然而，知识是通过实践活动来获得和深化的，尤其是体育技能，更需要在实践中学习和提升。因此，快乐体育教学模式强调活动性教学，通过各种活动和游戏，让学生在实践中学习和体验。活动性教学可以提高学生的学习兴趣和动力。比如，教师可以设计一些有趣的运动游戏，让学生在游戏中学习和实践运动技能。游戏不仅能让学生体验到运动的乐趣，还能激发他们的竞争意识和培养他们的团队精神。此外，游戏也可以提供一个模拟的环境，让学生在安全和放松的环境中练习和提升技能。活动性教学也可以提高学生的实践能力和创新思维能力。在活动中，学生需要动手操作，解决实际问题，这不仅可以让他们更好地理解和掌握知识，还可以提高他们的问题解决能力和创新思维能力。同时，活动可以提供一个平台，让学生展示自己的才能和创新，得到他人的认可和鼓励，从而增强他们的自信心和提高自我价值感。

三、快乐体育教学模式的实施程序

快乐体育教学模式致力于创造一个积极、活跃和愉悦的学习环境，旨在激发学生对体育运动的热爱和参与度。在具体实践中，快乐体育教学实施程序如图 4-5 所示。

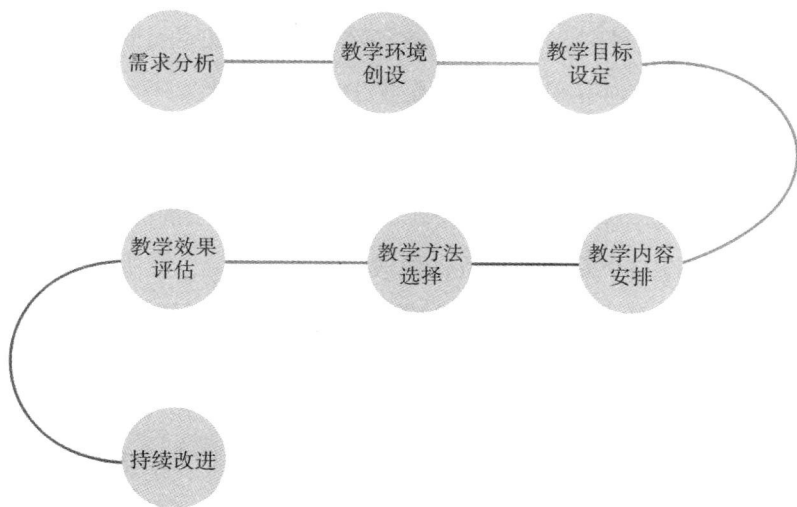

图 4-5　快乐体育教学模式的实施程序

（一）需求分析

需求分析是实施快乐体育教学模式的首要步骤。在这个阶段，教师需要全面了解学生的背景信息，这包括他们的身体素质、兴趣爱好、时间安排和个人目标等。了解学生的需求是确保教学内容吸引人并符合学生实际需求的关键。

身体素质是体育教学的基础。对学生的身体素质进行了解可以帮助教师设定适当的教学目标。此外，学生的兴趣爱好是决定他们参与度和积极性的重要因素。通过了解学生喜欢的运动和活动，教师可以选择吸引学生的教学内容，以提高他们的学习兴趣和积极性。

对学生的时间安排进行了解也非常重要。教师需要确保教学活动符合学生的时间安排，避免给学生带来额外的压力。此外，教师还需要了解学生的个人目标，这可以帮助他们设计符合学生需求的教学计划，同时可以激发学生的学习动机。

需求分析是一个持续的过程，教师需要定期收集和分析学生的反馈，以便随时调整教学内容和方法，满足学生的变化需求。

（二）教学环境创设

快乐体育教学模式是以学生的身心健康和全面发展为目标的，这就要求高校要创设一个安全、舒适、积极的教学环境。

首先，安全是教学环境创设的首要条件。在体育教学中，学生需要进行各种身体活动，这就要求高校要给学生提供一个安全的教学环境，防止学生发生意外伤害。安全的教学环境包括两方面的内容：一是安全的物质环境，包括安全的运动设施和器材、安全的场地、安全的环境等；二是安全的人文环境，包括安全的教师教学、安全的同学行为、安全的教学规则等。为了保证教学环境的安全，相关工作人员需要定期检查和维护运动设施和器材，保证其正常运行。教师还需要增强自身的安全意识，最大限度避免一些危险的发生。

其次，教师和高校需要考虑教学环境的舒适性。一个舒适的环境可以提高学生的学习效率，增强他们的学习动机，并有助于缓解学习压力，提高学生的学习满意度。舒适的教学环境需要考虑物质环境的舒适性和人文环境的舒适性。在物质环境方面，需要考虑温度、湿度、光线、噪声等因素的适宜性，以及运动设施和器材的适用性和场地的舒适性。在人文环境方面，需要考虑教师的亲和力，同学之间的友好关系，以及教学的人性化。

最后，教师和高校需要创设一个积极的教学环境。积极的教学环境可以激发学生的学习兴趣，培养他们的学习热情，并可以鼓励他们的创新思维，促进他们的主动学习。要创设积极的教学环境，教师和高校需要设计富有活力的教学活动，选择有趣的教学内容，并实行公正的教学评价。

（三）教学目标设定

在快乐体育教学模式中，设定教学目标是一项至关重要的任务，它是教学计划的出发点和落脚点，直接影响教学的内容、方法、过程和效果。教学目标既要反映学生的需求和期望，也要符合教学大纲和课程标准。针对这一要求，高校和教师应从以下几个方面进行考虑和操作。

第一，设定的教学目标需要符合教学大纲和课程标准。教学大纲和课程标准是高校对体育课程的要求和指导，教师必须严格按照这些规定来设定教学目标。例如，如果教学大纲要求学生掌握基本的运动技能，那么提高运动技能就应该是一个必要的教学目标；如果课程标准要求学生具有良好的心理健康，那么改善心理健康就应该是一个必要的教学目标。

第二，设定教学目标还需要考虑教学的实际条件和可能性。教师需要结合学生的实际情况和教学的实际条件，设定合适的教学目标。过高的教学目标可能导致学生的挫败感，过低的教学目标可能导致学生的满足感。教师应在挑战和成功之间找到一个平衡点，设定既具有挑战性又可达到的教学目标。

第三，设定教学目标是一个动态的过程，需要根据教学的实际情况进行调整和改进。教师需要定期评估教学目标的实现情况，收集和分析学生的反馈信息，根据评估结果对教学目标进行修订。这样，教学目标就能够随着教学的进展而不断调整，始终保持其前瞻性和指导性。

（四）教学内容安排

高校教师在设定了教学目标后，需要明确哪些教学内容可以有效地实现这些目标。教学内容的选择和安排不仅是教学计划的关键组成部分，还是教师教学艺术的体现，具有引导学生学习、激发学生兴趣、达到教学目标的重要作用。

在选择教学内容时，教师需要充分考虑学生的兴趣和能力。这样不仅可以提高学生的学习积极性，还有利于提高学生的学习效果。例如，如果教学目标是提高学生的团队合作能力，教师可以将篮球、足球等团队运动作为教学内容，通过比赛和训练，让学生亲身体验和学习团队合作的重要性和技巧；如果教学目标是提高学生的身体素质和自我调节能力，教师可以将瑜伽、健身等个人运动作为教学内容，让学生在锻炼身体的同时，学习如何调节呼吸、放松心情，提高自我调节能力。

教师选择的教学内容也需要符合教学大纲和课程标准。高校体育教学大纲和课程标准规定了体育教学的基本要求和主要内容，是教学内容选择的依据和指导。教师在选择教学内容时，应以教学大纲和课程标准为基础，灵活选择和安排教学内容。教学内容既要全面覆盖大纲和标准的要求，又要注重实际情况。

教学内容的安排还需要考虑学生的时间安排和学习进度。不同的学生可能有不同的时间安排和学习节奏，教师在安排教学内容时，需要考虑这些因素，以确保教学内容既丰富又适合学生的学习节奏。比如，教师可以根据学生的课程表，将体育课安排在学生较为轻松的时间段，以减轻学生的学习压力；教师还可以根据学生的学习进度，适时调整教学内容，以保证学生的学习效果。

（五）教学方法选择

教学方法的选择和运用直接影响学生的学习体验、学习兴趣和学习效果，因此，教师在选择教学方法时，需要充分考虑学生的学习风格、学习动机和教学内容的特性，以满足学生需求，实现快乐教学的目标。

首先，教师需要了解学生的学习风格。不同的学生有不同的学习风格，比如有些学生善于观察和模仿，有些学生善于通过实践和探索学习，有些学生善于通过合作和交流学习。了解学生的学习风格后，教师可以选择较符合学生学习风格的教学方法，以提高学生的学习兴趣和学习效果。例如，对于善于观察和模仿的学生，教师可以使用直接教学法，如教师演示、学生模仿；对于善于通过实践和探索学习的学生，教师可以使用探索性学习法，如让学生通过尝试进行自我学习；对于善于通过合作和交流学习的学生，教师可以使用合作学习法，如让学生通过团队合作完成学习任务。

其次，教师需要考虑教学内容的特性。不同的教学内容需要不同的教学方法。例如，对于技能类的教学内容，教师可以使用示范—模仿—反馈的教学方法；对于理论类的教学内容，教师可以使用讲解—提问—讨论的教学方法；对于项目类的教学内容，教师可以使用项目式学习方法，让学生通过完成具体的项目或任务来学习。

最后，教师需要注重激发学生的学习兴趣和活跃课堂氛围。快乐体育教学模式强调快乐学习，教师在选择教学方法时，应尽可能选择那些可以激发学生学习兴趣、活跃课堂氛围的教学方法。比如，教师可以使用游戏式教学法，将学习内容和游戏活动相结合，让学生在游戏中学习和进步。

（六）教学效果评估

教学效果评估是高校教师实施快乐体育教学模式的重要步骤。通过评估教学效果，教师可以了解学生的学习进度和学习状况，发现教学过程中的问题，然后对教学计划进行修订和改进。

在教学效果评估中，教师需要定期收集和分析学生的反馈信息。学生的反馈是教师了解教学效果、改进教学方法的重要依据。教师可以通过问卷调查、口头反馈、在线评价等方式收集学生的反馈信息。收集到反馈信息后，教师需要认真分析这些信息，找出学生学习的困难和问题，了解学生对教学内容、教学方法、教学环境的满意度和改进建议。

教学效果评估还应包括学生的学习成绩评估。学习成绩是学生学习效果的直接反映，是评估教学效果的重要依据。教师需要定期组织测试或考试，评估学生的学习成绩。在评估学习成绩时，教师不仅要关注学生的综合成绩，还要关注学生在各个方面的表现，如技能水平、知识理解、团队合作、领导力等。

根据教学效果评估的结果，教师需要对教学计划进行修订和改进。如果发现教学效果不理想，教师应反思自己的教学方法和教学内容，找出问题的原因，然后对教学计划进行相应的调整。例如，如果发现学生对某个教学内容理解不深，教师可以增加该内容的教学时间，改变教学方法，或者组织辅导和讨论活动；如果发现学生的学习兴趣不高，教师可以尝试引入新的教学活动，改变教学环境，或者提高学生参与度。

（七）持续改进

快乐体育教学模式不是一次性的，而是需要持续改进和发展的。教师应该以开放和积极的态度接受评估反馈，勇于承认并改正教学中的问题和不足。

持续改进可以通过多种方式实现。教师可以通过教学研究，学习新的教学理论和方法，更新教学知识和技能。教师还可以通过专业培训，提高教学能力和素质，满足新的教学要求。

持续改进也需要教师与学生的紧密合作。教师应该鼓励学生积极参与教学改进，听取他们的意见和建议，尊重他们的需求和感受。教师和学生共同参与，可以使快乐体育教学模式更加完善，更能满足学生的需求，更能激发他们的学习兴趣和热情。

此外，持续改进也需要教育管理者的支持和参与。学校和教育部门应提供必要的资源和支持，例如，提供高质量的运动设施和器材，提供教学培训和研究的机会，提供合理的评估和激励机制等。这些支持可以帮助教师更好地实施快乐体育教学模式，提高教学质量和效果。

持续改进是一个长期和复杂的过程，需要教师的耐心和坚持，需要学生的配合和努力，需要管理者的理解和支持。但是，只要坚持下去，就能不断提高教师的教学能力，就能使学生从体育活动中获得更多的知识、技能和乐趣，就能为他们的身心健康和全面发展做出更大的贡献。

第四节 运动处方教学模式

一、运动处方概述

（一）运动处方的概念

在体育教学中，运动处方是指对从事体育锻炼的人（含病人），由康复医师、体育教师、教练员、社会体育指导员，根据医学检查资料，包括运动试验及体能测试，按其年龄、性别、健康状况、身体素质、心血管功能状况，结合生活环境、运动爱好、训练条件等主、客观条件，用处方的形式确定适合身体练习者的运动内容、运动量、运动时间及频率，并指出运动中的注意事项等，以达到健身和康复身体的目的。运动处方就是在身体检测的基础上，根据锻炼者身体要求，按科学健身的原则，为锻炼者提供的量化指导方案。简言之，就是以处方形式规定运动参加者的练习内容、运动负荷，指导人们有目的、有计划、科学地锻炼身体。

（二）运动处方的优势

1. 运动处方有明确的有效性

根据个体的身体素质和健康水平制定个性化的训练方案，包括锻炼强度和训练时间，可以使得个体在经过一段时间的锻炼后产生明显的效果。这种针对性的训练更能满足个体的需求，同时可以提高运动效率，达到预期的健身效果。

2. 运动处方具有针对性和安全性

在制定和实施运动处方时，会充分考虑个体的身体状况和运动能力，因此，每一个运动处方都有其特定的目标和适应群体。科学地调整训练内容、方法、时间、强度和频度，可以最大限度地降低运动伤害的风险，提高运动的安全性。

3. 运动处方具有明确的目的性

根据不同的目标，例如增强身体素质、健美瘦身、预防治疗疾病等，可以为个体制定出符合需求和目标的训练方案。这种有目标的训练更能调动个体的积极性，帮助他们在体育锻炼中取得良好的效果。

4. 运动处方具有趣味性

根据锻炼者的兴趣爱好编排制定运动处方项目，可以增加锻炼的乐趣，能够使锻炼者持久地进行锻炼。这种趣味性的训练更能激发个体的运动热情，提高他们的运动参与度和坚持度。

（三）运动处方的分类

依据不同的标准，可对运动处方进行分类。

1. 按目的分类

（1）健身运动处方。根据参与者的年龄、职业等特征，设计以增强体质和提高健康水平为目的的运动方案，如企业工人健身运动处方、成年人健身运动处方等。

（2）竞技运动处方。针对从事专项运动的人员制定的运动方案，旨在增强身体素质和提高运动技能，如力量性运动处方、耐力性运动处方等。

（3）康复治疗运动处方。这类运动方案旨在辅助治疗疾病、提高康复医疗效果，如高血压运动处方、糖尿病运动处方等。

2. 按构成体质的要素分类

（1）改善身体形态的运动处方。根据身高、体重、胸围等指标，制定能使身体形态得到改善的运动处方，如增加身高运动处方、控制体重运动处方等。

（2）增强身体机能的运动处方。该类运动处方能够增强各器官、系统的功能，提高健康水平，如增强心血管功能运动处方、增强肺功能运动处方等。

（3）增强身体素质的运动处方。该类运动处方以增强人体的力量、速度、耐力、灵敏度及柔韧性等为目的，如增强力量素质运动处方、提高耐力素质运动处方等。

（4）调节心理状态的运动处方。该类运动处方通过锻炼增进心理健康，如培养意志品质运动处方、增进健康情感运动处方等。

（5）提高适应能力的运动处方。该类运动处方可以提高人体对内外环境变化的适应能力，以及对疾病和有害生物因素的抵抗能力。

3. 按锻炼的器官系统分类

（1）心血管系统的运动处方。该类运动处方用于提高心血管系统功能，治疗和预防各种心血管疾病。

（2）呼吸系统的运动处方。该类运动处方旨在改善和提高呼吸系统功能，预防、治疗各种呼吸系统疾病。

（3）神经系统的运动处方。该类运动处方能够改善和提高神经系统功能，预防、治疗各种神经系统疾病。

（4）消化系统的运动处方。该类运动处方用于改善和提高消化、吸收功能，预防、治疗各种消化系统疾病。

（5）运动系统的运动处方。该类运动处方的目的是改善和提高运动系统的功能，预防、治疗运动系统疾病。

二、运动处方教学模式实施的原则

（一）因人而异原则

运动处方教学模式是根据个体身体素质因素制定教学目标的一种教学模式。它是在运动教育中因人而异而非千篇一律的重要准则。运动处方教学模式的基本目标是为每个人制定出符合个人身体客观条件及要求的体育教学模式。这种模式以人为本，强调每个人的运动训练都是唯一的、不可复制的，同时充分尊重个人的身体素质、性格、喜好和潜能等。

因人而异原则强调个性化和特殊性。它要求教师在实施运动处方教学时，必须充分考虑学生的身体素质、年龄、性别、兴趣等因素，制定适合他们的运动训练方案。这就意味着教师不能简单地将一个通用的运动方案强加给所有的学生，而是要根据每个人的具体情况来设计。这样做不仅能增强学生的运动效果，还能激发他们对运动的兴趣和热情，增强他们的自我调控能力和自信心。

此外，因人而异原则也有助于提高运动处方教学的效率和质量。教师可以根据每个学生的特点和需求，提供针对性的指导和支持，帮助他们在运动中发现问题，提高技能，达成目标。这样，教师的教学工作就不再是简单地传授知识，而是指导和协助学生自我发展。

然而，实施因人而异原则并不是一件容易的事。它需要教师具有足够的专业知识和教学经验，能够准确地了解和评估每个学生的身体素质和运动能力，制定出合适的运动处方。同时，教师需要具备良好的观察和沟通能力，能够理解和尊重学生的需求和意愿，鼓励他们积极参与运动，享受运动带来的快乐和成就感。

（二）有效性原则

运动处方教学模式的第二个原则是有效性原则。运动处方教学的目标是让每个人都能够通过运动来改善他们的身体素质和健康状况。因此，教师需要确保教学方案是有效的，能够帮助学生达到他们的目标。

有效性原则主要涉及两个方面：一是运动方案的设计，二是运动方案的执行。

在运动方案的设计阶段，教师需要根据学生的具体情况和目标，选择合适的运动项目和设置合适的运动强度。例如，对于想要提高肌肉力量的学生，教师可能会让他们进行重量训练。对于想要提高心肺功能的学生，教师可以让他们进行有氧运动。

在运动方案的执行阶段，教师需要确保学生能够正确、安全地进行运动，同时教师需要监测他们的进步和反应。这可能需要教师对学生进行指导和监督，也可能需要学生自我监测。只有教师正确执行运动方案，才能确保运动的效果。

有效性原则也要求教师对运动处方教学的整体效果进行评估。教师需要定期检查教学模式是否有效，是否能帮助所有的学生改善他们的身体素质和健康状况。这可能需要教师进行大规模的研究和数据分析，以便了解教学模式在不同环境和群体中的效果，并据此进行改进。

（三）安全性原则

运动处方教学模式的安全性原则致力于在教学过程中保证所有运动活动的安全，防止对学生的身体健康造成伤害。这个原则的实施主要涉及运动方案的设计和执行两个方面。

在运动方案的设计阶段，安全性原则要求教师根据学生的身体状况和能力，选择适当的运动项目和设置合适的运动强度。这意味着教师要避免选择那些可能对学生的身体造成过大压力或风险的运动项目。例如，对于有心脏病或骨质疏松症的学生，教师需要规避那些高强度或对心脏和骨骼压力较大的运动。

在运动方案的执行阶段，安全性原则强调学生能够正确、安全地进行运动。这可能需要教师的指导和监督，也可能需要学生进行自我监测。学生需要了解运动安全的知识，例如如何正确地进行运动，如何预防运动伤害，以及在运动中出现问题时的应对策略。同时，教师需要密切关注学生的反应和状况，一旦发现问题，就需要立即介入，以确保学生的安全。

三、运动处方教学模式的实施程序

运动处方教学模式的实施大致可分为六个阶段，如图 4-6 所示。

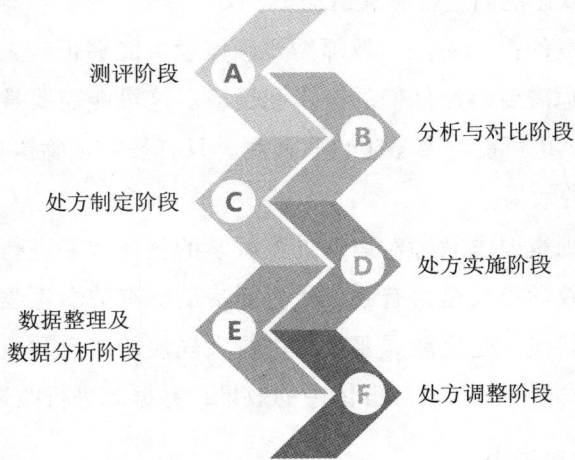

图 4-6　运动处方教学模式的实施程序

（一）测评阶段

测评阶段是运动处方教学模式实施的第一步，也是整个模式的基础。

在此阶段，教师需要制定详细且全面的测试内容，对学生的身体形态、身心素质等方面进行测评。这个过程需要科学、客观地进行，以确保测试的结果真实、准确。身体形态的测评包括身高、体重、身体比例等基本身体指标，这些数据能反映学生的生理发展水平。身心素质的测评则包括心率、血压、肺活量等生理指标，以及注意力、记忆力、反应速度等心理指标。这些测试数据将为运动处方的制定提供重要依据。在此阶段，教师也需要对学生的运动历史、兴趣爱好、生活习惯等进行了解。这些信息将帮助教师更好地理解学生的运动能力和需求，且有助于教师设计出更符合学生个性化需求的运动处方。

（二）分析与对比阶段

在完成了初步的测评之后，接下来的任务就是对这些数据进行深入分析和对比。在分析与对比阶段，教师需要利用统计学知识，对学生的各项指标进行全面的比较，找出学生之间以及学生与理想状态之间的差距。在此阶段，教师对各项指标不仅要进行数量上的分析，还要进行质量上的分析。例如，教师在分析学生的身体素质数据时，不仅要比较学生之间的数值大小，还要考虑学生的年龄、性别等因素对结果的影响。同时，教师要关注学生的心理指标，比如学生的学习动机、学习态度等，这些因素也会对学生的运动处方产生影响。此阶段的目标是深入理解学生的身体和心理状态，为运动处方的制定提供详细的数据支持。教师要尽量多角度、多层次地分析学生的数据，以便更好地满足学生的个性化需求。

（三）处方制定阶段

测评和分析之后，教师应进入处方制定阶段。这个阶段是运动处方教学模式中至关重要的一环，因为它直接决定了学生将会进行怎样的运动训练。在制定运动处方时，教师需要充分利用上一阶段收集和分析的数据，结合学生的具体情况，比如学生的年龄、性别、健康状况、兴趣爱好等，设计出科学、可行、有效的运动训练方案。运动处方的制定需要关注四个要素：运动内容、运动强度、运动时间、运动频度。

1. 运动内容

运动内容是运动处方的核心要素之一。它应该根据学生的具体情况进行选择，包括学生的年龄、性别、身体状况、运动能力、兴趣爱好等因素。选择适合的运动内容不仅可以帮助学生更好地达到运动目标，还可以提高学生的运动兴趣，促使他们更愿意参与运动，从而实现持续的身心发展。运动内容的选择应该科学合理、多元化。科学合理指的是运动内容应该符合运动科学的原则，如身体负荷原则、运动强度原则等，同时，要考虑到学生的生理发育水平，防止运动过度。多元化则是要提供多样的运动项目让学生选择，以满足他们的个性化需求。运动内容的制定还应该考虑到运动的全面性，包括身体各个部位的锻炼，以及力量、速度、耐力、灵活性、协调性等多方面的训练，以促进学生全面发展。同时，对于有特殊需求的学生，如需要减肥、康复、改善体质等的学生，运动内容的选择应该更有针对性。

2. 运动强度

运动强度是决定运动效果的重要因素。正确的运动强度可以保证运动的效果，提高身体素质，同时避免运动伤害的发生。运动强度的确定要根据学生的年龄、性别、健康状况、运动基础等因素进行，要在保证运动效果的同时，考虑到运动的安全性。运动强度的控制应遵循逐渐增强的原则，从低强度开始，随着身体素质的提高，逐步提高运动强度。同时，运动强度的选择应具有个性化，对于不同的学生，运动强度可能会有所不同。教师在制定运动强度时，要考虑到这些个体差异，为每个学生制定适合自己的运动强度。

3. 运动时间

运动时间是运动处方中的又一个要素。运动时间的确定应根据学生的时间安排、运动强度，以及运动目标等因素进行。运动时间应该保证运动效果的实现，但又不能过长，以免造成学生的疲劳和对运动的反感。运动时间的安排应考虑到学生的学业压力，以及他们的其他生活需要，如休息、娱乐等。运动时间的安排还要考虑到学生的身体负荷，不同的运动项目和运动强度，所需的运动时间可能会有所不同。教师在安排运动时间时，要充分考虑这些因素，尽量为学生提供合理、舒适的运动环境。

4. 运动频度

运动频度是指在一定时间内进行运动的次数。运动频度的确定对运动效果的实现至关重要。适宜的运动频度可以保证学生有足够的运动量，从而达到运动的目的。运动频度的确定要根据学生的身体状况、运动能力，以及运动目标等因素进行。运动频度的制定应遵循适度原则，它不能过多，也不能过少。过多的运动频度可能会让学生有压力，影响他们的身体和心理健康。而过少的运动频度则可能达不到运动的目的。同时，运动频度的选择应具有个性化，因为每个学生的体质、兴趣、时间安排等都是不同的，所以他们的运动频度也可能有所不同。教师在制定运动频度时，应充分考虑到这些因素，以确保运动处方的科学性和实效性。

（四）处方实施阶段

运动处方的实施是将教学计划转化为实际行动的过程。这一阶段要求学生根据预先设定的运动处方进行训练，并对其效果进行持续的观察与评估。教师需要详细解释运动处方的各个元素，包括目标、运动项目、训练时间、强度等，并清晰地向学生阐述这些元素的实际意义和可能的影响。在此过程中，教师要提前预见并解答学生可能产生的疑问，帮助他们做好准备。

在运动处方的执行过程中，教师需要进行全面监督，定期查看学生的训练记录，确认学生是否按照处方的规定进行训练，了解学生在运动项目、运动时间、运动强度等方面的实际表现。同时，教师需要关注学生在训练过程中的身心反应，如体力状况、心理状态等，若发现异常情况，应及时进行调整。

运动处方实施阶段也应注重持续的优化和调整。根据学生的反馈和表现，教师需要灵活地调整运动处方，如适当增减运动量、更换运动项目等，以确保处方的实施能最大限度地满足学生的需求和提高其运动能力。

（五）数据整理及数据分析阶段

在完成一段时间的运动处方教学后，教师需要对收集到的数据进行整理和分析。这一阶段的主要目的是通过数据整理和分析，评估运动处方的实施效果。数据整理包括对收集到的各类数据进行归类、整理，以便进行后续的分析。数据分析则需要运用统计学知识，对数据进行深入探讨，评估运动处方实施的效果，找出存在的问题以及可能的解决办法。通过数据分析，教师不仅可以了解运动处方的实施是否达到了预期效果，学生的运动能力、健康水平等是否有所提高，还能发现运动处方中可能存在的问题，为后续的教学提供依据。

（六）处方调整阶段

运动处方教学模式的最后阶段是处方调整阶段。这个阶段的核心目标是在对收集的数据进行深度分析后，对运动处方进行精细调整和优化。在这个阶段，教师面临的挑战是如何把分析结果有效地转化为运动处方的改进。这需要教师具备数据分析能力，能够从数据中提取出有价值的信息，并且需要教师具备专业知识，能够根据这些信息对运动处方进行科学的修改。

首先，调整运动处方需要基于对学生身心状况的深度理解。教师要能从数据中看出学生在运动处方实施过程中的变化，包括身体素质的变化、心理状态的变化，以及对运动处方的接受程度等。这些变化是评估运动处方效果的关键，也是调整运动处方的重要依据。

其次，调整运动处方也需要考虑到学生的个体差异。每个学生的身体状况、心理状况、运动能力、兴趣爱好都是独一无二的，因此，运动处方的调整必须尊重学生的个性化需求。在这个过程中，教师需要发挥专业知识和创新思维，制定出既科学合理，又能满足学生个性化需求的运动处方。

最后，调整运动处方是一个持续的过程。随着教学的进行，学生的身心状况会有所变化，因此运动处方也需要随之调整。这就要求教师具备敏锐的观察力和灵活的应变能力，能够根据实际情况及时调整运动处方，使其始终保持最佳的教学效果。

第五节　"双向主体能动式"教学模式

一、"双向主体能动式"教学模式的优势

（一）提高学生运动技能掌握能力

在"双向主体能动式"教学模式中，学生通过实践参与和反馈交流的方式，得以更好地掌握运动技能。在传统的教学模式中，学生仅仅通过教师的讲解和示范来感知动作技能，往往只是初级的感知过程，存在不规范、不协调以及反应慢等问题。在"双向主体能动式"教学模式中，学生成为教学的主体，通过与教师和同学的互动，他们能够在实践中感知问题的存在，并积极进行纠正和完善。这种反复练习和动作定型的运动过程使学生能够逐步提高运动技能，从模糊到清晰地掌握动作要领。

（二）激发学生的学习动机

"双向主体能动式"教学模式比传统教学模式更有利于激发学生的学习动机。在这种模式下，学生处于主体地位，他们不再是被动接受知识

的对象，而是成了教学的引领者、组织者和评价者。他们通过与教师和同学的互动交流，能够积极参与学习过程，发挥自己的创造性思维。这种主体地位的确立和参与感的增强激发了学生的学习兴趣和动机，使他们更加主动地投入学习和思考问题，从而获得成就感和满足感。

（三）创造轻松活跃的教学环境

"双向主体能动式"教学模式通过多方面的评价方式创造了轻松活跃的教学环境。传统的教学模式往往以最终教学考核和教师的主观评价为主要依据，这种评价方式容易造成学生的畏惧心理。在"双向主体能动式"教学模式中，将学生个体自主评价、集体学习评价和自我评价等多个方面的评价相结合，降低了学生的压力和焦虑。这种客观的评价方式调动了学生各个方面的积极性，创造了一个轻松活跃的教学环境和氛围。学生在这样的环境中更加放松，学习热情更高，思维和理解能力更强。

（四）培养学生的主观锻炼体验

"双向主体能动式"教学模式通过教师和同学的互动交流，培养了学生的主观锻炼体验。学生在实践中克服了心理上的障碍，提升了自信心，敢于去体验和尝试。他们通过实践去感知和体会动作技能的要领，逐步培养了自我探索、自我控制和互助练习的能力。这种主观锻炼体验不仅促进了学生技能的提高，还培养了他们在学习过程中的积极态度和主动性。

二、"双向主体能动式"教学模式的理论基础

（一）主体性教育理论

主体性教育理论是 20 世纪 80 年代引起广泛关注的一种教育理念和教学方法。它强调在教学过程中注重培养学生的主体功能，激发学生的学习兴趣，提高学生的学习能力和创造能力，使学生具备自主学习和自我管理的能力。

主体性教育理论的基本思想是将学生作为教学过程中的主体，他们既是认知的客体，又是认知的主体。教师在教学过程中要根据时代的要求，不断更新教学内容，有计划、有目的地引导学生，将社会需求转化为学生需求，以提高学生的素质和能力。同时，教师要注重学生的特征，协调学生既是主体又是客体的关系。

在主体性教育理论中，教师不再仅仅是知识的传授者，更是激发和调动学生积极性的引导者。教师需要引导学生自觉地进行创造，同时与学生建立交流、尊重和平等的关系。教师和学生共同成为教学活动的两端，共同创造相互交流的主体关系。

"双向主体能动式"教学模式是在主体性教育理论的基础上发展起来的。这种教学模式将教与学两个方向辩证地统一起来，充分发挥了教师和学生各自的特点。在教学中，教师需要尊重每个学生的主体地位，关注每个学生的真实想法和内心活动，从学生的身心发展和个性发展出发促进其全面发展。在教学方式上，教师需要注重培养学生的感知能力，创造一个有利于学生发挥的学习空间，正确引导学生对知识的转化。在教学评价方面，学校要充分发挥学生主导性评价作用，以学生主体性的发展为评价标准进行评价。

（二）建构主义学习理论

建构主义学习理论是由瑞士心理学家皮亚杰（Piaget）提出的一种学习理论，经过多位哲学家、教育学家和心理学家的研究推进，已成为教育学习理论的重要基础之一。该理论认为知识是通过个体的经验和建构而形成的，学习是个体对外部世界的感知和阐释的过程，是基于经验创造和发展知识的积极过程。

建构主义学习理论的主要观点如下。

（1）知识的建构。知识不是被接受的，而是通过个体的主动参与和建构而形成的。学生根据自己的经历、学习情况和交流中选择性地接收到的外部信息，通过个人的思考和解释对知识进行建构。

（2）学习的主动性。学生是具有主观能动性的个体，他们在学习过程中能够主动获取信息，并具有独立的思考能力。教师的作用是引导和促进学生的学习，让学生成为知识的积极建构者。

（3）双向性的教育过程。学习是一个双向的过程。一方面，通过对现有知识的认知和理解，学生能够对新的事物进行新的认识；另一方面，学生可以对过去的知识进行重构和重组，使其适应当前的情境。学习过程中的建构是一个双向性的模式。

（4）多元的学习过程。由于事物的复杂性、多变性和个体经验的独特性，每个个体对事物的学习都是多元的。不同的个体在学习过程中会有不同的建构和理解方式。这种多元性的存在要求教师在教学中要充分考虑学生的个体差异，提供多样化的学习机会和资源。

建构主义学习理论强调学生在学习过程中的主体地位，重视学生的主动参与和思维能力的培养。在教学中，学生需要转变角色，从被动的接受者转变为主动的知识建构者和反思者，而教师的角色应从传统的知识传授者转变为引导者和协助者。为了实现这种转变，教师需要采用创新的教学方法和组织形式，通过合适的教学策略和教学环境来促进学生的学习建构过程。

（三）"交往行为"理论与教学特殊交往理论

德国哲学家哈贝马斯（Habermas）提出了关于"交往行为"的理论，该理论将人的行为分为目的性行为、规范调节行为、戏剧行为和交往行为四类。其中，前三类行为属于单向性的行为，而交往行为则是通过语言沟通进行的活动，通过对话实现人与人之间的沟通、交流和互动。

教学特殊交往理论认为教学交往是人类生活中基本的活动之一，教育作为社会中重要的活动之一，存在着人与人之间的交往，它主要指的是学生与教师之间的双向交往。在教育活动中，教师以教材为媒介，传授知识和技能，促进学生的身心全面发展。

"双向主体能动式"的教学模式强调教学过程中教师与学生的双主体地位，通过学生和教师之间的能动交流和信息转换，实现教学过程中的互动与共创。"交往行为"理论为"双向主体能动式"教学模式提供了理论支持。

这种教学特殊交往的理论观点强调教师与学生之间的互动和交流，强调教学过程中的双向性和互动性。教师不仅是知识的传授者，还是引导者和协助者，可以促进学生的主体性发展。学生在学习过程中不再是被动的接受者，而是主动的参与者，他们能够参与学习过程，主动地表达和交流自己的想法和意见。通过双向的交往，教师和学生共同创造出互动和合作的教学环境。

三、"双向主体能动式"教学模式的构建

"双向主体能动式"教学模式结构如图4-7所示。该模式的构建需要关注指导思想、教学目的、教学方式、教学过程、教学效果评价五个方面。

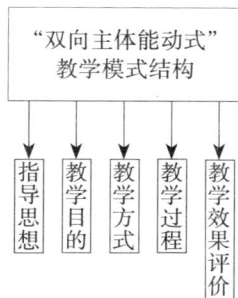

图4-7　"双向主体能动式"教学模式结构

（一）指导思想

"双向主体能动式"教学模式的指导思想建立在主体性教育理论、建

构主义学习理论、"交往行为"理论和教学特殊交往理论的基础上，强调教师与学生之间的双向互动和合作，以实现学生的主体性发展和全面学习。具体而言，该教学模式的指导思想可以总结为以下几个方面。

（1）学生主体性。将学生视为学习过程中的主体，注重激发学生的学习兴趣和积极性，让学生成为知识的建构者和活跃的学习者。

（2）教师引导与协助。教师不再仅仅是知识的传授者，更是引导者和协助者。教师通过设定学习目标、提供学习资源和指导学习策略，帮助学生自主学习和解决问题。

（3）双向互动与合作。"双向主体能动式"教学模式强调教师与学生之间的互动和合作关系，通过语言沟通和交流，在对话和讨论中促进学生的思维发展和知识建构。

（4）个体差异关注。"双向主体能动式"教学模式重视学生的个体差异，尊重学生的兴趣、需求和能力，因材施教，提供个性化的学习支持和辅导。

（5）环境创设与互动设计。"双向主体能动式"教学模式为学生创造积极的学习环境，提供丰富的学习资源和多样的学习活动，通过群体合作和小组讨论等形式，激发学生的合作精神和团队意识。

（二）教学目的

"双向主体能动式"教学模式以培养学生能动思维能力、掌握运动发展的规律为目的，发挥学生的主观能动性并让学生积极体验尝试，增强他们参与体育运动的自信心，克服心理因素影响，在相互学习中增强他们的集体意识，培养他们的社会交往能力。

（三）教学方式

"双向主体能动式"教学模式的教学方式强调学生与教师之间的双向互动和合作，充分发挥学生和教师的主体作用。该教学模式下的教学方式应注重以下三点。

1. 学生角色转换

学生角色转换是"双向主体能动式"教学模式中的重要教学方式。让学生扮演教师的角色，带领同学进行课程教学，可以培养学生的领导能力、沟通能力和组织创新能力。当学生成为教学者时，他们需要展示自己对知识的理解和掌握，并能够有效地将这些传达给其他学生。这种角色转换不仅使学生充分发挥了自己的能力，还增强了他们对所学知识的理解和记忆。

在角色转换的过程中，学生需要通过设计教学活动、解释概念、提问和引导讨论等方式与其他学生进行交流和互动。通过亲身经历教学过程，学生能够更深入地理解教学内容，并能提高自己的表达能力和教学技巧。这种双向的学习方式促进了学生之间的合作与交流，培养了学生的合作精神和团队意识。

2. 双向交流和对话

双向交流和对话是"双向主体能动式"教学模式中的又一重要教学方式。教师与学生之间的双向交流和对话可以促进彼此之间的理解和共享。教师通过倾听学生的声音和意见，关注学生的想法和需求，可以了解学生的学习情况和困难。同时，教师可以通过对话和讨论，引导学生思考和探索问题，进而共同解决难题和寻找解决方案。

在双向交流和对话中，学生被鼓励表达自己的观点和想法，并与教师和其他学生进行讨论和辩论。通过这种交流，学生能够激发自己的思维和创造力，能够学会从多个角度思考问题，并能够学会听取他人的意见和建议。这种双向交流和对话促进了学生的思维能力的提高和学习动机的增强。

3. 自主学习和合作学习

自主学习和合作学习是"双向主体能动式"教学模式中的又一重要教学方式。学生在教学过程中被鼓励自主学习和合作学习。他们有机会独立思考、探索问题，并通过小组合作、讨论和分享，共同构建知识体系和解决问题。

在自主学习和合作学习中，学生被赋予更多的自主权和责任，他们可以选择自己感兴趣的学习内容，可以制定学习计划，并可以按照自己的节奏进行学习。同时，学生可以通过小组合作，分享彼此的想法和观点，共同解决问题。这种学习方式培养了学生的自主性、合作精神和解决问题的能力，同时激发了学生对学习的兴趣和动力。

（四）教学过程

"双向主体能动式"教学模式的教学过程大致如下：

确定教学主题→教学情境设计→激发→引导能动→主体辩证转换→教师启发诱导→能动的交流评价→分组练习的测评→交流引导并掌握技能→测评的反馈。

（五）教学效果评价

在"双向主体能动式"教学模式中，教学效果评价注重学生的整体发展和学习过程的质量，与传统的体育教学模式相比，它更加注重学生的主观意愿和个体差异，并采用多元化的评价方式。

1. 多元化的评价方式

在传统的体育教学模式中，评价主要侧重于学生的运动技能水平和身体素质，而在"双向主体能动式"教学模式中，教学效果评价更加多元化，除了对运动技能水平和身体素质的评价外，还包括学生的课堂表现、自我评价、互相评价和集体评价等。多种评价方式的综合考量，能够更全面地了解学生的学习情况。

2. 注重学习过程的评价

"双向主体能动式"教学模式将教学效果评价的重点从单纯的结果导向转变为注重学习过程的质量。教师会关注学生在学习过程中的参与度、思维能力、合作与交流等方面的表现，而不仅仅局限于关注最终的学习成果。这种评价方式鼓励学生积极参与学习，关注学习过程中的努力和成长，注重培养学生的学习兴趣和学习动力。

3. 学生主体性的发挥

在"双向主体能动式"教学模式中，学生的主体地位得到了充分的重视。学生参与评价，可以进行自我评价和互相评价，提供对自己和同伴的观察和建议。这种评价方式能够激发学生的自主性和主动性，增强他们对学习的责任感和提高他们的参与度。

第五章　现代技术赋能高校教育体育教学模式的创新

第一节　现代教育技术概述

一、现代教育技术的概念与内涵

（一）现代教育技术的概念

现代教育技术是一种理论与实践的综合体，它在现代教育理论的指导下，通过充分而有效地利用先进的技术与方法，对教与学的过程和资源进行创新性设计、开发、利用、管理和评价，旨在实现教与学的优化。现代教育技术强调的不仅仅是技术的运用，更重要的是在技术的帮助下进行教学方式的创新和优化。

现代教育技术涉及的技术主要分为物化形态的技术和智能形态的技术，或者说是硬技术和软技术。其中，硬技术主要指教学设备和教学信息存储载体，如电脑、投影仪、教学软件等；软技术主要指运用现代教育媒体进行教育教学活动的方法和策略，如网络教学、在线协作学习、虚拟实验等。此外，现代教育技术还包括教学系统设计技术，即运用系统方法优化教学过程的技术，例如教学设计、课程设计等。

现代教育技术的主要目标是支持和促进教育的现代化，它致力于促进人的全面发展，推动学习方式的改革，以更好地培养具有创新意识、创新精神、创新品质、创新思维和创新能力的创新型人才。这不仅需要教育工作者掌握新的教学方法和技术，还需要学生积极参与，培养自主学习和创新的能力。

（二）现代教育技术的内涵

现代教育技术的内涵具体体现在以下四个方面，每个方面都是不可或缺的，它们共同推动了现代教育技术的发展和应用。

1. 以现代教育理论为指导

在现代教育技术的内涵中，最重要的一点是其依托于现代教育理论。这些理论包括现代教学理论和现代学习理论，为教育技术的应用和发展提供了理论基础。如布鲁纳的"结构—发现"教学理论、赞可夫的发展教学理论和巴班斯基的教学最优化理论，以及行为主义学习理论、认知主义学习理论和建构主义学习理论，这些理论为现代教育技术的应用与实践指明了方向，使之能够更好地推进素质教育，培养学生的创新精神和实践能力。

2. 以信息技术为主要手段

现代教育技术的内涵也表现为信息技术的广泛应用。信息技术包括计算机技术、微电子技术和通信技术等，在学校教育中现代教育技术的内涵主要体现为多媒体与网络技术的使用。它们为教学资源的数字化和信息化提供了可能，也极大地丰富了教学方法，提高了教学效率，同时带来了新的教学模式，为学生创设了更为活跃和自主的学习环境。

3. 关注教与学的过程和资源

在现代教育技术的框架下，教师和学生不仅是知识的传递者和接受者，还是教学资源的开发者和使用者。通过优化教学资源，如建设信息化的教学环境，开发信息化教学软件，探索并构建新型的教学模式，现代教育技术能够有效地推动教学质量的提高。

4. 以系统方法为核心思想

现代教育技术的核心思想在于系统方法的应用，它包括对教与学的过程和资源进行设计、开发、利用、管理和评价。它关注教育教学过程中各步骤的精心设计和实施，强调教学各要素的有序进行，同时需要随时进行评价和修正，以确保教学过程的有效性和高效性。

二、现代教育技术的本质特征

（一）开发和使用各种学习资源

学习资源是现代教育技术的基础，包括教学材料、支持系统和学习环境。教学材料直接影响学习过程，它可以是专门为教学设计的教材或课件，也可以是学习者在自然或社会环境中发现的可用于学习的资源。支持系统为学习者提供有效学习的内部和外部条件，包括技术设备的支持、信息的支持和人员的支持等。学习环境是教学交流的氛围，其特点在于交互方式和交流效果。无论是为学习而设计的资源，如教室、教学课件、实验仪器、图书馆等，还是能够为学习者利用的其他资源，如画展、名著、影片、博物馆等，都是现代教育技术所关注和利用的。

（二）使用系统方法设计和组织教学过程

现代教育技术的另一个本质特征是使用系统方法设计和组织教学过程。系统方法视教学为一个整体，关注教学系统的各个组成部分以及它们之间的关系。在这个过程中，教育目标的明确与分解、满足目标的教育任务和内容的分析、教育策略的制定、教育顺序的安排、教育媒体的选择、学习资源的开发与确定，以及教育策略和学习资源效果的评价与修正等环节都是必不可少的。系统方法使得教育过程具有自我纠正能力和逻辑性，其目标是实现教育活动的最优化。

（三）实现教学效果的优化

现代教育技术的根本目的是发现并实践能够达到最优化教学效果的具体操作，而教学的效果是在有效控制的作用下取得的，所以要实现教学效果的最优化，就要实现对教学活动的最优控制。实现最优化教学效果的具体操作主要包括以下几个方面。

1. 合理选择和有效排列教学目标

最优的教学目标应该与学生的具体特征和需求相匹配。因此，合理选择和有效排列教学目标是获取最优化教学效果的关键。这包括确定一系列具体的子目标，并考虑它们的范围、数量以及如何进行最佳排列。

2. 选择和使用最优化教学效果的尺度

为了清楚地理解教育影响，人们需要明确学生在接受某种教育影响前后的状态变化。这就需要选择和使用一个合适的衡量教育效果的尺度，以便比较教学活动前后的学习水平。

3. 选择和采用最佳的教学活动

选择和采用最佳的教学活动可以帮助学生顺利地从教学前的学习状态，提升到实现教学目标所需的水平和能力。这需要根据教学目标和学生的学习需求，精心设计和选择教学活动。

4. 选择最优的环境条件

环境条件包括与学习资源和学习情境相关的人员、集体、自然环境和社区环境等。优化环境条件有助于创建最佳的学习环境，从而实现最优化的教学效果。

三、教育技术的产生与发展

（一）国外教育技术的产生与发展

教育技术是以科学技术为支撑的，所以教育技术的发展，从某种意义上也反映了科学技术的发展。国外教育技术的发展阶段，如图 5-1 所示。

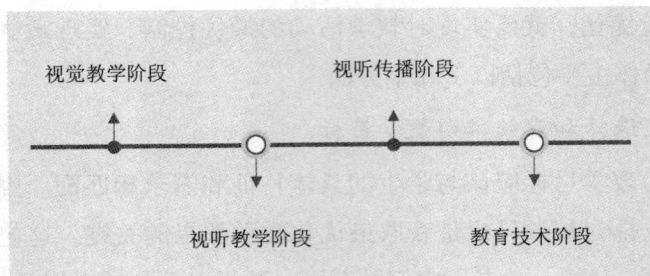

图 5-1　国外教育技术发展的四个阶段

1. 视觉教学阶段（19 世纪末到 20 世纪 30 年代）

这一阶段始于 19 世纪末，以幻灯机、照相机等视觉媒体被引入教育领域为标志。在这一阶段，出版于 1906 年的《视觉教育》一书在美国广泛传播，对视觉教学的推广起到了重要作用。1923 年，美国建立了全美教育协会"视觉教育部"，进一步推动了视觉教学在学校中的应用。

2. 视听教学阶段（20 世纪 30 年代到 20 世纪 50 年代）

从 20 世纪 30 年代开始，录音机、有声电影和广播等媒体开始被应用于教学，这使得教育技术进入了视听教学阶段。在这一阶段，美国教育技术专家戴尔（Dale）在《视听教学法》一书中提出了"经验之塔"理论，为视听教学的实践提供了理论支持。

3. 视听传播阶段（20 世纪 50 年代至 20 世纪 60 年代）

从 20 世纪 50 年代开始，传播学理论开始被引入教育领域，教育技术开始从视听教学向视听传播转变。视听传播阶段的教育技术关注的是信息如何通过各种渠道从传播者传递到受传者，它从本质上改变了视听教育的理论框架及应用范畴。

4. 教育技术阶段（20 世纪 70 年代至今）

从 20 世纪 70 年代开始，录像机、卫星广播电视、电子黑板技术和计算机网络等被引入教育领域，教育技术取得了重大发展。1970 年，美国"视听教育协会"更名为"教育传播与技术协会",并首次提出了教育技术(Educational Technology)的概念。随着科学技术的不断发展,教育技术的实践和研究领域也在不断扩大,最终发展为一门独立的学科。

(二)我国教育技术的产生与发展

与国外教育技术的发展相比,我国教育技术的发展相对滞后一些,而且我国教育技术的序幕是电化教育(该名词是我国独有的教育名词,出现于 20 世纪 30 年代)。从电化教育这一萌芽开始,发展到今天,我国教育技术的发展大致可分为四个阶段,如图 5-2 所示。

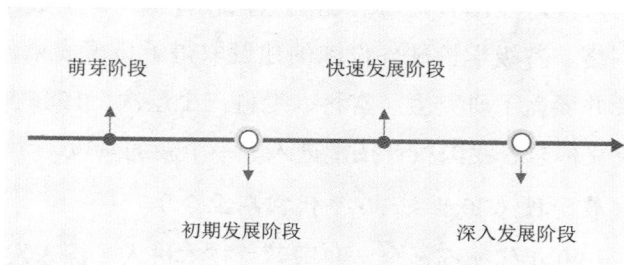

图 5-2 我国教育技术发展的四个阶段

1. 萌芽阶段(20 世纪 20 年代至 20 世纪 40 年代初期)

自 20 世纪 20 年代至 20 世纪 40 年代初期,电化教育在中国开始萌芽。最早的尝试可以追溯到 1922 年,当时金陵大学首次使用无声电影和幻灯片讲解棉花种植知识。1935 年,江苏镇江民众教育馆的大会堂定名为"电化教学讲映场","电化教学"这个词首次出现。1936 年,我国教育界人士在讨论为当时推行的电影、播音教育的定名问题时,提出并确立了"电化教育"这个名词。1940 年,电化教育委员会的成立标志着电化教育正式得到了国家的认可。①

---

① 张一春.教育技术及学术发展史 [M].福州:福建教育出版社,2021:15.

2. 初期发展阶段（20世纪40年代末期至20世纪50年代末期）

从20世纪40年代末期至20世纪50年代末期，电化教育开始在全国范围内得到推广。1949年，中央人民政府文化部（现为中华人民共和国文化和旅游部）科学技术普及局设立了电化教育处，全国各地开始广泛开展电化教育。在此期间，北京和天津等城市分别创建了自己的广播函授学校。1958年的教育改革运动更是推动了电化教育的快速发展。

3. 快速发展阶段（20世纪70年代末期至20世纪80年代末期）

从20世纪70年代末期至20世纪80年代末期，我国的电化教育进入快速发展的阶段。全国各地纷纷建立电化教育机构，形成了较为完整的电化教育网络。各级学校硬件设施的建设取得了显著成果，电化教育专业逐渐出现并涵盖了研究生、本科、专科三个层次。1986年，中国教育电视台的成立标志着我国教育技术进入了一个新的阶段。

4. 深入发展阶段（20世纪90年代初期至今）

从20世纪90年代初期至今，我国教育技术进入了深入发展的阶段。在这个阶段，教育技术的手段日益多元化，并向网络化、虚拟化和智能化的方向发展。教育技术在学校的应用逐渐普遍，教育环境开始显示出开放、共享、协作、交互的特点。

四、现代教育技术的作用

传统的教学模式和教学方法因受学校条件、教师水平和能力等条件的限制，难以完全按照每个学生的个人需求进行因材施教。现代教育技术则是把现代教育技术理论应用于教育、教学实践的手段和方法的一门科学。现代教育技术的应用，使教学形式发生了巨大变化。现代教育技术的作用在教育教学中主要体现在以下几个方面。

（一）优化了教学媒体

随着科技的发展，现代教育技术正在逐步改变传统的教学模式。其中，多媒体是最具代表性的一种新兴教学媒体。它的出现极大地丰富了教学手段，提高了教学效果。多媒体技术通过整合声音、文本、图像和动画等多种信息，为学生提供了一种富有形象和逼真感的学习体验。这种技术的使用，使得信息的传输变得多元化、集成化，同时增强了教学的交互性。教学内容能以更立体、更直观的方式展现在学生面前，极大地激发了学生的兴趣，增强了他们的学习动机。虚拟现实技术更是将教学媒体的优化推向了新的高度。它通过模拟真实环境，让学生可以在虚拟世界中进行角色扮演，从而更深入、更全面地理解学习内容。这些都有效地提高了学生的思维创造力和学习效果。

（二）丰富了教育资源

在现代教育技术的推动下，教育资源也得到了空前的丰富。网络教学系统包含了大量的数据、资料、程序、教学软件等资源，形成了一个庞大的信息海洋。例如，网上图书馆可以提供来自世界各地的图书资源，历史资料库可以分类收录世界各地的历史资料，课件系统可以提供所有的在线课件。这些资源为学生提供了多样化的学习渠道，拓宽了他们的知识面。这些教育资源不仅涵盖了学术领域，还包括了各个学科的专家和教授的教学经验和学识。这些丰富的教育资源，是其他任何一种教学媒体和技术所无法比拟的。

（三）改进了教学管理

现代教育技术的应用也带来了教学管理的革新。计算机管理教学（CMI）系统能够帮助教师收集和分析学生的学习情况，从而实现教学效果的及时反馈和精准评估。CMI系统可以迅速获取全班的学习情况数据，能够使教师及时了解学生的学习接受情况和理解能力，并根据这些信息调整和优化教学内容和方法。此外，CMI系统还能帮助教师合理安排学生的学习任务，监控学生的学习进度，并为学生建立学习档案，以便于及时发现和解决学生在学习中遇到的问题。这些功能的实现，无疑极大提高了教师的工作效率，同时使得教学管理更为科学和精准。

（四）改善了教学环境

现代教育技术通过创建虚拟化的教学环境，为教学活动提供了全新的可能性。这种环境不再受时间和空间的限制，可以将教学内容中涉及的事物、现象、过程和活动以形象、动态的方式再现于网络。学生可以通过对事物的形、声、色的变化和发展进行观察，深入了解和体验学习内容。这样的教学环境不仅可以激发学生的学习兴趣，渲染教学气氛，创设立体情境，还能激发学生的思维，调动他们的学习积极性。在这样的环境中，学生可以主动去探究知识，认识世界，从而促进他们的智力发展。此外，多媒体和网络技术还提供了更多的交流和参与机会，帮助学生和教师建立了更好的师生关系，实现了教学信息的及时交流和反馈。这样不仅开阔了学生的视野，拓宽了知识面，还活跃了课堂气氛，更重要的是，它们使教师和学生在教学过程中都能分别发挥主导作用和主体作用，实现真正的互动教学。

五、现代教育技术的主要应用领域

以计算机技术为核心的现代教育技术，在教育领域中得到了广泛的应用和发展，多媒体课件、网络教学、精品课程、开放课程、国家精品课程资源、共享课程资源等多种形式各显神通、丰富多彩，令人应接不暇。但是由于教育对象不同、教学内容不同，采用的技术手段和操作方法也就不同了，从而形成了如图5-3所示的三个应用领域。

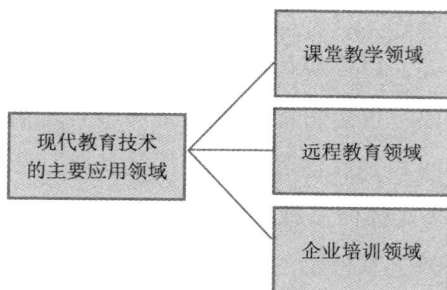

图 5-3　现代教育技术的主要应用领域

（一）课堂教学领域

1. 课堂辅助教学

课堂教学是学校教育的核心，关系到教育质量的提高。随着多媒体技术的飞速发展以及其在传统学校的应用，课堂教育技术系统的出现为教学领域带来了新的变化。这是计算机技术首次应用于教学领域的基本形式，也是现代教育技术的起始阶段的标志。

计算机辅助教学为教学形式提供了新的特征，如计算机辅助教学课件在教学中的广泛应用，它取代了投影片、录像片，利用计算机的三维动画技术详细展示了微观机制、运动形式以及复杂过程。这种技术在突破教学难点、进行生动直观教学方面起到了重要作用。随着技术的进步，教学形式发展为电子教案，完全依靠计算机进行教学，这种变化改变了教师使用粉笔、教案的传统教学形式。然而，此阶段计算机技术在教学中的应用还较为零散、随机，很大程度上依赖于教师的主观意愿和教学条件，虽然对提高教学质量和效果产生了一定影响，但对传统课堂教学模式的改变尚无显著效果。大多数学校仍处于这个阶段，这是现代教育技术应用的最基本层次，也是现代教育技术发展的必经阶段，为走向更高层次的发展提供了重要基础。

2. 多媒体网络教学

多媒体网络教学，以多媒体网络教室和校园网为特征，是现代教育技术发展的中级阶段，也是目前国内及全球教育发展的主要趋势。在这个阶段，除了校园网和多媒体教室的硬件设备外，教学软件系统是关键因素，也可以说是多媒体网络教学的灵魂。

在这个阶段，教学软件已经经历了质的飞跃，它必须具有全面的系统性、网络交互性和自学检测性，担当着课堂教学中不可或缺的重要角色。这个阶段根本性地改变了传统的"教师讲学生听"的教学模式。学生在这种环境中成了学习过程的主体，他们可以在教师的指导下选择学习方式、学习内容和学习进度，还可以随时通过网络向教师提问，教师也能通过网络进行集体、分组或个体化的教学，学生之间也可以通过网络相互交流、探讨和合作。

这个阶段的现代教育技术的应用和发展，已经从根本上改变了传统的教学观念、教学方法。人们需要适应并推动这种变化的深化，在此基础上去探索新的教学思想、教学目标和教育理论。

（二）远程教育领域

远程教育是现代教育技术的重要应用领域，自 20 世纪 80 年代以来，它得到了迅猛发展。全球已经有许多大学提供了远程教学服务，其中包括我国的广播电视大学，它是世界上规模较大的远程教育机构。与课堂教学相比，远程教育中的技术更像教师的角色，而不仅仅是课堂教学中的辅助工具。

随着信息技术的进步，跨学校、跨地区乃至跨国家的远程教育研究与开发已经开始启动。当前，随着互联网的普及，中国教育科研网发挥着越来越大的作用，许多高校已经建立了校园网。这种网络连接使得各个高校之间可以实现教育资源共享，学生可以不用进教室，可以通过网络进行自主学习，学校的教师可能很少与学生面对面交流，师生间的直接联系在逐渐减少。教师和学生可以随时通过网络参加国际学术交流与学习活动。

在这个阶段，现代教育技术的应用和发展达到了非常丰富和高级的境地，传统的教学观念产生了彻底颠覆性的变革。例如，"学校全球化""没有围墙的大学""传统意义上的教师不复存在"等新的教育观念和模式应运而生。

（三）企业培训领域

企业培训是现代教育技术的重要应用领域，它与学校教育和远程教育在现代教育技术的运用上有所区别。企业培训关注的是企业员工的工作业绩，它有更为明确的目标，更注重在特定领域提高受训者的绩效水平，是人力资源开发的重要途径。

在社会发展和全球化趋势的推动下，企业发展更依赖于员工的素质，企业培训的需求日益增加。很多企业，特别是大型企业，已经意识到这一点并积极开展各种层次的员工培训。企业培训使受训员工能够立足于自己的职位，利用教育技术的手段，以最经济、最有效的方式掌握可以用于完成实际任务的各种知识和技能。现代教育技术为企业培训提供了丰富的资源，使得培训更有效率，培训内容更丰富多样，学习方式和思维方式得以改善，进而提高了企业的业绩。

企业培训的最终目标是提高绩效。最初，人们认为企业效益不佳是因为员工技能不足，因此将企业培训视为解决企业效益问题的全能方法。然而，对培训效果的研究发现，培训并不能解决所有影响企业效益的问题，如员工的动机、企业组织的变化等。人们逐渐认识到，"绩效"才是真正的关键。如何根据企业"绩效"问题的实际情况，制定并选择包括"培训"在内的解决方案，就形成了"人类绩效技术"。

绩效技术是一种选择、分析、设计、开发、实施和评估项目的过程，旨在以最经济的成本影响人的行为和成就。这种诊断、识别问题以及找到或建立解决问题方案的过程和方法与教育技术解决教育问题的系统方法是一致的。因此，企业绩效技术成了现代教育技术的系统方法在企业、公司等非教育场景下的一种应用。除了学习和教育相关的科学知识，绩效技术还需要利用包括组织学、企业管理、知识管理、动机理论、企业文化、人力资源等与企业经营相关的理论知识。

第二节　现代教育技术在高校体育教学中的应用

一、多媒体技术在高校体育教学中的应用

（一）多媒体技术概述

1. 多媒体技术的概念

媒体在计算机语境中通常具有两层含义：一是指将信息以各种形式（如文字、图像、声音、动画、视频等）呈现出来的载体，这也是多媒体技术所指的媒体；二是指保存信息的实体，例如磁盘、光盘、半导体存储器等。

多媒体在信息科学中被视为一种结合两种或两种以上的媒体形式的人机交互信息交流和传播方式。

多媒体技术是一种基于数字化的技术，它利用计算机技术对文本、图像、声音、动画、视频等各种信息进行数字化采集、编码、存储、处理和传输，建立这些信息之间的逻辑关系，将其集成到一个系统中，同时保持良好的交互性。

2. 多媒体技术的特点

（1）集成性。这是多媒体技术的突出特征，即多媒体技术能够将多种不同的媒体形式（如声音、文字、图像、视频等）整合在一起，为用

户提供一个统一的平台。它不仅集成了不同形式的媒体信息，还将多种设备（如电视、音响、录像机、激光唱片机等）融入计算机系统中。

（2）控制性。多媒体技术由计算机主导，它能够处理和控制多种媒体信息，并能够按照用户的需求，通过多种媒体形式将这些信息呈现出来，以刺激人的多种感官。

（3）交互性。这是多媒体与传统媒体的主要区别。传统媒体通常只能进行单向的、被动的信息传播，而多媒体技术则允许用户对信息进行主动选择和控制，提高了与计算机、电视机和其他电器的互动能力。

（4）非线性。这是指多媒体技术打破了传统的线性阅读／书写模式，采用超文本链接的方式，将内容以更加灵活、多变的方式呈现给读者。

（5）实时性。多媒体技术需要以实时的方式处理声音和活动视频图像，以满足用户的需求。用户在提出操作命令后，相应的多媒体信息需要能够立即响应。

（6）便捷性。多媒体技术使用户可以根据自身的需求、兴趣、任务要求、喜好和认知特点来使用信息，无论是图像、文字还是声音等各种信息形式均可以被使用。

（7）动态性。多媒体技术提供了一个动态的信息结构，用户可以根据自己的目标和认知特性重新组织信息，增加、删除或修改节点，重新建立链接。

（二）多媒体技术在高校体育教学中的具体应用

1.视频演示

视频演示在高校体育教学中发挥着巨大的作用。当涉及教授新的体育技能或复杂的运动技巧时，视频作为教学工具的价值不可忽视。它使教师有能力向学生展示技巧的精确执行方式，尤其是在学习复杂的技巧或策略时，视频演示提供了宝贵的视觉学习体验。通过观看视频，学生可以从视觉角度理解技术的运用方式，这极大地减少了对运动步骤的误解，提高了技术掌握的准确度。

重播功能是视频的另一个重要优点，学生可以反复观看关键动作或复杂的运动步骤，直到他们完全掌握。这种反复的实践和观察使他们能够更好地理解和学习技巧，最终达到技能的自然应用。此外，视频的清晰度和分辨率让学生可以观察到运动员的每一个细微动作，这是在实地训练中无法做到的。视频演示作为教学工具，使学生有机会从新的视角去理解运动技巧，使学习体验变得更加生动和真实。

2. 交互式教学

交互式教学则赋予学生更高级别的参与感，让他们不再只是被动地接受知识，而是可以通过在线测试或模拟软件，直接参与到学习过程中。这种教学方式对于高校体育教学来说尤为重要，因为它能够让学生在理论学习和实践操作中获得及时反馈。学生可以根据反馈进行自我调整，提高技巧掌握程度，这将极大地提高他们的学习效率。交互式教学也为学生提供了一种能够进行自我探索和发现的机会，让他们更好地了解自己的学习进度和技能掌握情况。此外，这种方式还可以鼓励学生进行团队作业或互动竞赛，这不仅可以增强团队协作能力，还可以提高学生的竞技水平。

3. 动画和 3D 模拟

动画和 3D 模拟为现代教育技术在高校体育教学中的应用带来了革命性的变化。这种技术使得复杂的运动技巧可以被分解为简单的步骤，为学生的学习和理解提供了极大的帮助。相比传统的文字描述和静态图片，动画和 3D 模拟能更清晰、生动地展现运动步骤的每个细节，帮助学生更深入地理解技巧的执行方式。无论是复杂的投篮动作，还是艰难的体操动作，都可以通过动画和 3D 模拟清晰地展示给学生，让他们从视觉上理解技巧的执行过程。

在观看动画和 3D 模拟的过程中，学生可以反复查看每一个细节，以便对运动步骤有更深入的理解。他们可以慢慢消化每一个动作，理解每一个步骤的目的，然后在实际操作中尝试复制这些动作，提高自己的技能掌握水平。此外，动画和 3D 模拟还可以通过逼真的视觉效果，帮助学生更好地理解运动策略，增强他们的战术意识和团队协作能力。

二、在线教育平台在高校体育教学中的应用

（一）在线教育平台概述

1. 在线教育平台的定义与作用

在线教育平台是运用软件工程技术和信息网络技术，实现在线教育的硬件和软件系统。在线教育平台旨在模仿真实的学习环境，让学生足不出户便可以学习到自己所需要的知识。在线教育平台的作用主要体现在以下三个方面。

（1）提供海量教学资源。在线教育平台积累了大量的教学资源，这些资源对全球的学习者开放。根据自己的学习需求，学习者可以在这些平台上挑选他们所需的学习资料。

（2）提供优质学习环境。在提供大量教学资源的同时，在线教育平台也为学习者创建了一个优质的学习环境。尽管不同的在线教育平台在具体功能上有所差异，但大多数都包含课程点播、学习监控、练习测试和学习评价等功能。这些功能构成了学习环境的基础，为学习者提供了系统学习的重要支撑。

（3）提供互动学习社区。在线教育平台无视时间和地理的限制，能使来自不同地区的教师和学习者进行互动交流，这包括即时交流和非即时交流。这种交流方式极大地提升了学习者的主观学习动力，同时扩展了学生的思维范围。

2. 在线教育平台的系统构成

（1）学习子系统。这个子系统主要为学习者提供学习的环境和工具，包括课程播放、互动讨论、笔记功能、自测等。它能够帮助学习者更好

地掌握知识，提升学习效果。

（2）内容管理子系统。内容管理子系统负责存储、分类和发布教学内容。教师或者管理员可以通过这个系统上传课程，建立课程结构，制定学习路线等。同时，它支持多媒体教学内容，如视频、音频、图片和文档等。

（3）学习管理子系统。学习管理子系统主要负责跟踪和管理学生的学习进度和表现。它能记录学生的登录时间、学习时长、课程完成情况等，以便于教师对学生的学习进行监督和指导。

（4）考试管理子系统。这个子系统主要负责在线测试和考试。它能够自动批改选择题和判断题，同时支持手动批改主观题。除此之外，它还能为每个学生生成个性化的考试报告，以帮助学生了解自己的学习情况。

（5）用户管理子系统。用户管理子系统负责管理所有的用户信息，包括学生、教师和管理员的信息。它能为每个用户创建个人档案，记录用户的基本信息、学习情况和成绩等。

（6）运营管理子系统。运营管理子系统负责平台的整体运营，包括用户反馈、数据分析、广告发布等。通过这个系统，管理员可以获得平台的运营数据，以便于进行运营决策。

（二）在线教育平台在高校体育教学中的具体应用

1.提供视频教学资源

在线教育平台为高校体育教学提供了丰富多元的教学资源，尤其是视频教学资源。这些资源对于传统体育教学的改革和提升起着重要的作用。

首先，在线平台上的视频教学资源大大丰富了学生的学习内容。视频教学资源包括各类运动技能的讲解、体育赛事的分析以及训练方法的演示等。学生不仅可以从这些资源中获取理论知识，还可以学习运动的实际技巧。比如，通过观看篮球运动的视频教程，学生可以模仿专业运动员的投篮姿势、运球技巧等。

其次，视频教学资源的可视性和直观性使得学习更加高效。传统的体育教学往往依赖于教师的现场示范和讲解，但因为时间和空间的限制，学生的学习效果可能并不理想。而视频教学资源可以随时随地进行学习，不受时间和空间的限制。学生可以反复观看视频，对于复杂的运动技巧，他们可以暂停、回放，以此来仔细观察和学习。而这在传统教学中是难以做到的。

最后，视频教学资源的引入极大地推动了学生的自主学习。在传统的体育课程中，学生往往只能在教师的指导下进行学习。而在线教育平台则为学生提供了更多自主学习的可能性。学生可以根据自己的兴趣和需求，选择相关的视频资源进行学习。这不仅能够提升学生的学习动力，还能够培养他们的自主学习能力。这对于他们的个人成长和终身学习是极其重要的。

2. 远程教学

远程教学在高校体育教学中尤其重要。

一方面，教师可以借助在线平台提供的工具，比如视频会议、在线聊天等，与学生进行"面对面"的交流，了解学生的学习状况，对学生进行针对性的指导和答疑。这不仅能够有效地解决学生在学习过程中遇到的问题，还能帮助教师及时调整教学策略，增强教学效果。

另一方面，远程教学也能为学生提供更个性化的学习体验。每个学生的学习进度、学习方法和学习需求都是不同的，远程教学能够给学生提供更多的选择和自由度。比如，学生可以根据自己的情况选择合适的学习时间，可以选择需要进一步学习或者深入理解的内容，甚至可以选择不同的教师进行辅导。这种个性化的学习体验不仅能提高学生的学习效果，还能提高他们的学习满意度。

此外，远程教学还能有效地解决地域限制的问题。在传统的教学模式中，教师和学生只有在同一个地点才能进行有效的教学。但是在在线教育平台上，教师和学生可以不受地域的限制，只要有互联网连接，就可以进行实时的交流和学习。这种方式不仅大大增加了教学的便利性，还扩大了教学的范围和影响力。

3. 在线测评和反馈

在线测评是一种有效的学习评估方式。在线平台可以设置各种类型的测试题目，包括选择题、填空题、简答题等。学生可以在完成学习后，通过完成这些测试来检验自己的学习效果。这种方式不仅能让学生了解自己的学习状况，还能激发他们的学习动力。与此同时，在线测评也能帮助教师了解学生的学习状况，对教学内容和方式进行及时调整。

反馈也是学生体育学习过程中的重要环节。及时的反馈可以让学生了解自己的优点和不足，对自己的学习进行调整和改进。在线教育平台可以提供及时的反馈服务，教师可以根据学生的测评结果，给出专业的指导和建议。同时，学生可以根据反馈结果，了解自己的学习问题，提高自己的学习效果。

总之，在线教育平台的在线测评和反馈功能为体育教学的质量提供了保障。教师可以通过在线测评了解学生的学习状况，对学生的学习进行持续的跟踪和指导。学生也可以通过反馈了解自己的学习进度，提高自己的学习动力。这样的互动和交流，不仅有利于提高学习效果，还有利于提高教学质量。

4. 社交交流和合作学习

在线教育平台除了提供教学内容外，其强大的社交交流和合作学习功能同样对高校体育教学起着重要作用。学习不仅仅是信息和知识的接受，更是一种社会互动过程。在线教育平台正是通过社交交流和合作学习功能，建立了一个信息共享、互动交流和合作学习的空间。这个功能促进了学生之间的交流与合作，培养了他们的团队精神和协作能力。

在体育教学中，学生可以在平台上分享他们的学习心得、交流技术经验，或者讨论学习中遇到的问题。这种互动交流，能激发学生的学习兴趣，提高他们的学习积极性，也有利于他们的知识吸收和理解。同时，教师可以通过这种方式了解学生的学习情况，对他们进行针对性的教学和指导。

合作学习是在线教育平台的另一个重要功能。在体育教学中，学生可以在平台上组织团队活动，进行协作学习。这种方式可以培养学生的团队精神和协作能力，也可以提高他们的学习效果。比如，在学习篮球技术的过程中，学生可以通过组队讨论、互相指导和实际操作，共同提高运动技能。

三、虚拟仿真技术在高校体育教学中的应用

（一）虚拟仿真技术概述

1. 虚拟仿真技术的定义

虚拟仿真技术，是一种结合了模拟仿真技术和虚拟现实技术的创新技术。它主要通过计算机图形系统和各类实时控制接口设备，在一个可交互的三维环境中创造一种沉浸式体验。这项技术涉及人机交互技术、传感技术、计算机图形学、人工智能等众多领域，并且随着计算机技术的发展，这项技术逐渐显现出其潜力。虽然在教育领域，虚拟仿真技术的应用仍处于发展阶段，但它已经被认为是现代教育技术的重要趋势。

2. 虚拟仿真技术的关键技术

（1）实时三维图形技术。实时三维图形技术是一种具有挑战性的尖端技术，可以被应用于教育、军事、游戏、影视等多个领域。尽管实时三维图形技术已经相当成熟，但关键的挑战在于如何实现"实时"，即使图形的刷新频率达到 15 帧／秒甚至更高。

（2）动态环境建模技术。动态环境建模技术在虚拟现实系统中占有核心地位，它首先要创建模型，其次进行实时渲染和立体显示，最后构建一个虚拟的世界。环境建模需要基于听觉、视觉、味觉、触觉等多种

感官通道，以增强模型的真实感。

（3）立体显示和传感器技术。立体显示技术利用人的立体视觉特性来展示三维图像，而传感器技术则用于获取信息并将其转换为信号输出。由于立体显示和传感器技术的研究还不十分成熟，虚拟仿真设备的跟踪精度和跟踪范围仍有提升空间。

（4）系统集成技术。在虚拟仿真系统中，不同的系统都按照各自的规则独立开发，它们形成了各自的系统体系。为了使虚拟仿真系统正常工作，需要将这些系统协调整合，形成一个统一的整体，这就是系统集成技术的作用。

3. 虚拟仿真技术的特性

（1）交互性。交互性是指用户在虚拟环境中的行为能得到系统的反馈。在虚拟环境中，用户与环境之间能实现互动，例如，当用户触摸一个虚拟物体时，用户的手部会得到相应反馈，同时物体的状态会随之改变。

（2）沉浸性。沉浸性是指用户能够完全沉浸在虚拟环境中，这是虚拟仿真技术的主要特点。虚拟仿真技术创造的环境虽然是虚构的，但通过对用户的感官系统（包括味觉、嗅觉、触觉、运动感知等）的反馈，用户会产生身临其境的感觉。

（3）虚拟性。虚拟性指的是虚拟仿真技术创造的环境可能是基于现实世界的，也可能是完全虚构的。但无论环境的类型如何，它们都是虚拟的，是通过计算机等工具模拟出来的。

（二）虚拟仿真技术在高校体育教学中的具体应用

1. 运动技能培训

虚拟仿真技术可以模拟各种体育运动场景，帮助学生进行运动技能的培训和训练。通过虚拟现实（VR）和增强现实（AR）技术，学生可以参与到虚拟的比赛或训练环境中，模拟实际运动过程，提高技能水平。

例如，在足球教学中，学生可以通过虚拟仿真技术模拟比赛情境，进行传球、射门等技能的训练。

2. 运动战术演练

虚拟仿真技术可以模拟不同的运动战术场景，帮助学生学习和理解各种战术策略。通过虚拟仿真技术，学生可以在虚拟环境中扮演不同的角色，实时交互和演练各种战术。例如，在篮球教学中，学生可以通过虚拟仿真技术模拟比赛局面，学习如何进行防守、进攻等战术操作。

3. 体育教学游戏化

虚拟仿真技术可以将体育教学与游戏化元素相结合，提供更有趣和互动的学习体验。通过虚拟游戏环境，学生可以参与各种运动挑战、解谜或角色扮演，这可以激发学生的学习兴趣，提高他们的学习动力和效果。

4. 体育科学研究

虚拟仿真技术可以用于体育科学研究领域，通过模拟实验和数据分析，提供科学依据和支持。例如，在运动生物力学研究中，可以使用虚拟仿真技术对运动员的运动姿势、力量分布等进行分析和优化。

5. 伤病预防和康复训练

虚拟仿真技术可以模拟运动伤病的场景，帮助学生学习如何进行伤病预防和康复训练。通过虚拟环境中的交互和模拟，学生可以了解运动伤病的原因、预防措施以及康复训练的方法。

6. 运动心理训练

虚拟仿真技术可以用于模拟各种心理训练场景，帮助学生提高竞技状态和应对比赛压力的能力。通过虚拟环境中的情景模拟和反馈，学生可以进行自我调节和心理训练，提高专注力、自信心和应对挑战的能力。

四、大数据技术在高校体育教学中的应用

（一）大数据技术概述

1. 大数据技术的概念

关于大数据的概念，目前并没有统一的界定，学者们只是用这一术语描述难以用传统软件技术和方法分析的超大型复杂数据。比如，何克抗认为，大数据就是一般软件工具难以捕捉、管理和分析的海量数据，通过对这些海量数据的交换、整合、分析可以发现新知识、创造新价值，从而带来大知识、大科技、大利润和大发展。[①] 再如，董春雨等人认为，大数据是一种思维方式、一种世界观和理解世界的方式。[②] 由此可见，大数据在本质上仍旧是一种数据，只是相较于传统数据而言，其容量非常之"大"。而大数据技术，则是指应用大数据的技术，涵盖各类大数据平台、大数据指数体系等大数据应用技术，其作用是从海量的数据中快速获取有价值的信息。

2. 大数据技术的核心技术

大数据技术主要由五部分构成：大数据采集技术、大数据预处理技术、大数据存储和管理技术、大数据分析和挖掘技术，以及大数据展现和应用。

（1）大数据采集技术。大数据采集技术是从各种源头收集数据，包括 RFID 数据、传感器数据、用户行为数据、社交网络交互数据和移动互联网数据等结构化、半结构化和非结构化的大规模数据。相比传统的数据采集方法，大数据采集技术可以提高数据收集的效率，同时避免数据的重复。

---

① 何克抗 . 大数据面面观 [J]. 电化教育研究 , 2014, 35(10): 8–16, 22.
② 董春雨，薛永红 . 数据密集型、大数据与"第四范式"[J]. 自然辩证法研究 , 2017, 33(5): 74–80, 86.

（2）大数据预处理技术。大数据预处理技术是对收集到的"脏数据"（不完整、含噪声、不一致）进行处理的技术，主要包括数据辨析、抽取和清洗三个步骤。数据辨析是对数据进行初步识别、比对、分析和规律发现；数据抽取是将复杂的数据转化为易于处理的格式；数据清洗则是过滤掉无价值的数据和错误的干扰项。

（3）大数据存储和管理技术。大数据存储和管理技术是处理数据存储、数据库建立、数据管理和调用等任务的技术。由于数据可能呈现为结构化、半结构化和非结构化的形式，传统的存储模式无法满足大数据的需求，同时数据存储管理变得复杂了。大数据存储和管理技术解决了这些问题。

（4）大数据分析和挖掘技术。大数据分析和挖掘技术包括改进现有的数据挖掘和机器学习技术，开发新型的数据网络挖掘、异常群体挖掘、图像挖掘等技术，突破基于对象的数据链接、相似性链接等大数据融合技术，以及用户兴趣分析、网络行为分析、情感语义分析等数据挖掘技术。数据挖掘是从大量不完全、有噪声、模糊、随机的实际应用数据中提取出有价值的信息的过程。大数据挖掘技术的发展应重点突破可视化分析、数据挖掘算法、预测性分析、语义引擎、数据质量和数据管理等方面。

（5）大数据展现和应用技术。大数据展现和应用技术包括大数据检索、大数据可视化、大数据应用、大数据安全等技术。这些技术主要是将数据以易理解的方式呈现出来，并将其应用于人类的社会经济活动中，从而提高各领域的运行效率。

（二）大数据技术在高校体育教学中的具体应用

1.教学内容优化

高校体育教学的目的不仅仅是培养学生的运动能力和体育技能，更是促进其全面发展。大数据技术为人们提供了一个全新的视角和方法，用以优化体育教学内容。通过大数据技术，教师可以更好地理解学生的需求和习惯，进一步个性化地调整教学内容，提高教学质量。大数据技术能够在学生的体能测试、技能分析、心理调查等方面收集大量的信息。这些信息包含学生的运动技能、运动习惯、兴趣爱好、身体状况、心理状况等多维度数据。教师可以通过数据挖掘技术，从中找出学生的弱点和优点，制定出更适合学生的教学内容。此外，大数据技术还可以帮助教师实时追踪学生的学习进度，调整教学计划。例如，使用智能设备，教师可以实时监控学生的运动数据，如心率、步速、运动强度等。这些数据不仅可以帮助教师评估学生的运动能力，还可以用来评估学生的学习进度，以便及时调整教学计划，优化教学内容。

2. 学习路径个性化推荐

大数据技术在高校体育教学中的另一个重要应用是个性化的学习路径推荐。这种推荐通过分析学生的学习历史和学习模式，为每个学生提供最适合他们的学习路径和资源。在这个过程中，教师起着至关重要的作用，他们利用大数据分析的结果，为学生制定个性化的学习计划，帮助他们更好地理解和掌握体育技能。

这种方法还可以提高学生的学习效果。个性化的学习路径是根据每个学生的学习能力和兴趣定制的，这意味着他们在学习过程中更容易保持专注，从而更好地掌握所学内容。同时，这种方法能增强学生的学习兴趣。当学生在学习的是自己感兴趣的内容时，他们更容易产生积极的学习态度，从而更好地参与到学习中来。

3. 运动伤病预防

大数据技术在高校体育教学中的应用还体现在运动伤病预防上。通过收集和分析学生的运动数据、生理参数和伤病历史，教师可以识别潜在的伤病风险因素，从而采取相应的预防措施。

首先，大数据技术可以帮助教师了解学生的运动习惯和生理状况，这对于预防运动伤病至关重要。例如，如果一个学生的运动数据显示他经常在运动时过度使用某个关节，那么他可能有更高的患病风险。如果一个学生的生理参数表明他的身体状况不佳，那么他可能需要更多的休息和恢复时间，以防止运动伤病的发生。

其次，通过分析学生的伤病历史，教师可以了解学生过去是否有过运动伤病，以及他们的恢复状况如何。这些信息可以帮助教师为学生制定更安全的运动计划，以降低他们再次受伤的风险。

最后，大数据技术还可以帮助教师预测可能的伤病风险。通过分析学生的运动数据和生理参数，教师可以预测他们可能出现的运动伤病，从而采取预防措施。这些措施包括改变运动习惯、增加恢复时间、提供适当的运动装备等。

五、人工智能在高校体育教学中的应用

（一）人工智能概述

1.人工智能的概念

人工智能是研究、开发用于模拟、延伸和扩展人的智能的理论、方法、技术及应用系统的一门新的技术科学。人工智能是计算机科学的一个分支，它力图揭示智能的本质，并生成出一种新的能以人类智能相似的方式做出反应的智能系统。

人工智能除涉及计算机科学外，还涉及自动化、信息论、生物学、心理学、仿生学、语言学等多门学科，其涵盖的技术领域也非常广泛，包括图像识别、语言识别、机器人、自然语言处理、智能设备等。目前，人工智能在教育教学中的应用已经逐步被人们所接受，"人工智能技术＋教育"将成为教育未来发展的一个方向。

2.人工智能的关键技术

人工智能普遍包含机器学习、知识图谱、自然语言处理、人机交互、计算机视觉、生物识别特征、虚拟现实（VR）和增强现实（AR）七个关键技术。

（1）机器学习。它是人工智能的基础和核心，主要通过让机器进行自我学习，使其从数据中学习规律并做出预测。它的主要任务是通过计算机程序自动提高性能。常见的方法有监督学习、无监督学习、半监督学习和强化学习等。

（2）知识图谱。知识图谱是将人类的知识结构化存储起来，使机器能够理解和利用。它采用图形化的方式呈现大量的实体及其关系，对信息进行有效的组织和关联，从而帮助人们进行深度的语义分析。

（3）自然语言处理。自然语言处理是使计算机理解和处理人类语言的一种人工智能技术，包括语音识别、语义理解、文本挖掘、机器翻译等任务。

（4）人机交互。人机交互是指计算机和人类之间的交互过程，目标是使机器更人性化。它主要包括用户界面设计、手势识别、表情识别、虚拟现实等。

（5）计算机视觉。计算机视觉的目标是让计算机能够"看"到和理解周围的世界。它主要涉及图像识别、目标检测、目标跟踪、图像分割、三维建模等。

（6）生物识别特征。生物识别特征是基于人的生物特性或行为特性进行身份验证的技术。常见的生物识别技术有指纹识别、面部识别、虹膜识别、声纹识别等。

（7）虚拟现实（VR）和增强现实（AR）。虚拟现实（VR）和增强现实（AR）技术可以创建一个沉浸式的、交互式的 3D 环境，让用户有身临其境的感觉，进而大幅度提升用户体验。这种技术已经广泛应用于游戏、教育、医疗等领域。

（二）人工智能在高校体育教学中的具体应用

1. 智能教学系统

智能教学系统的设计和应用旨在通过使用人工智能的技术手段，来提高高校体育教学的效率和质量。这样的系统可以进行个性化教学，根据每个学生的体能水平、技能水平、兴趣爱好等因素来制定和调整训练计划。

具体来看，智能教学系统可以通过数据挖掘技术，从学生的成绩、体能测试结果、训练参与度等多个维度，来洞察学生的体育学习状况，为教师提供有效的数据支持。此外，系统还可以基于自然语言处理技术，与学生进行自然、流畅的语言交互，理解学生的需求和困难，及时反馈给教师，帮助教师进行有效的教学调整。

2. 智能决策支持系统

高校体育教学涉及的问题往往复杂多样，包括教学方案的制定、学生的选课决策、运动伤害预防等。这些问题都需要教育工作者具备足够的知识和经验，并花费大量的时间和精力去进行考虑和决策。智能决策支持系统可以有效地辅助高校体育教学决策。比如，系统可以通过分析历史教学数据和当前学生特征，预测不同教学方案的效果，为教师选择教学方案提供依据；系统也可以评估学生的体能和技能水平，为其推荐适合的体育课程，帮助学生做出选课决策。此外，系统还可以通过对运动伤害的预测和警告，帮助学生预防运动伤害，提高体育教学的安全性。

3. 教育机器人

在高校体育教学中，教育机器人可以扮演多种角色，包括教学助理、训练伙伴、健身教练等。通过与学生的交互，教育机器人可以了解和记录学生的学习状况，及时反馈给教师，并根据学生的情况调整自己的行为。例如，教育机器人可以作为教学助理，负责一些简单的教学任务，如展示体育技术动作、进行基本的技能训练等。这样不仅可以释放教师的工作压力，还能保证学生得到充足的实践机会。教育机器人还可以作为训练伙伴，与学生进行一对一的训练，例如在篮球、羽毛球等运动中，机器人可以根据学生的水平为其提供相应的对手，帮助学生提升技能。此外，机器人还可以作为健身教练，为学生提供个性化的健身建议和训练计划，帮助学生保持良好的体态。当然，虽然教育机器人的应用非常广泛，但其技术还不成熟，机器人和学生对话的流畅性相对有限，对学生教育的辅导也并不理想。随着技术的不断发展，教育机器人将成为学生学习的良师益友。

第三节　基于现代教育技术的高校体育创新性教学模式

一、在线教学模式

在线教学模式是一种通过互联网和在线平台实现教学活动的方式。它通过计算机、网络和多媒体技术，使学生和教师可以在不同的地点进行远程交流和学习。在高校体育教学中，在线教学模式可分为同步在线教学模式和异步在线教学模式两种。

（一）同步在线教学模式

同步在线教学模式也被称为实时在线教学模式，它是一种教师和学生同时在线进行实时互动教学的方式。在这种模式下，学生可以在指定的时间内通过网络平台接触到教师，参与到课堂讨论中，同时可以接收到教师的实时反馈。

在高校体育教学中，同步在线教学模式可以提供更直接的教学体验。教师可以利用视频直播技术，实时展示体育动作的具体执行方式，同时可以通过在线答疑，对学生的提问做出及时的回应。这种模式的互动性强，可以使学生更好地理解和掌握体育技能，提高学习效果。

另外，同步在线教学模式也可以利用网络技术的优势，开展小组讨论和合作学习。例如，教师可以设计一些需要团队合作完成的体育项目，让学生通过在线平台进行小组讨论，共同完成任务。这种方式不仅可以提高学生的团队协作能力，还可以激发他们的学习兴趣。

当然，同步在线教学模式也存在一些挑战。网络环境的稳定性、学生的在线参与度以及教师的技术应用能力等都可能影响教学效果。因此，教师需要不断掌握新的教学技术，寻找适合自己教学风格和学生学习需求的在线教学工具。

（二）异步在线教学模式

异步在线教学模式是一种教师和学生不需要同时在线，可以在各自适宜的时间和地点进行教学和学习的方式。在这种模式下，教师可以通过在线平台发布教学资源和任务，学生可以在任何时间进行学习和作业提交。

在高校体育教学中，异步在线教学模式提供了更大的灵活性。教师可以将视频教程、演示视频等教学资源上传到在线平台，学生可以根据自己的时间安排来学习和练习。这种模式对学生的自我学习能力和自我管理能力要求较高，能够培养学生的独立学习能力。

此外，异步在线教学模式也有利于反馈和评估。教师可以通过在线平台跟踪学生的学习进度，及时为其提供反馈和建议。同时，学生可以随时向教师提问，教师可以在看到问题后及时进行解答。

同样的，异步在线教学模式也有其挑战。例如，由于学生和教师不在同一时间在线，教师对学生的实时指导会受到限制。同时，学生在自己的时间内进行学习，可能会导致学习的连续性和深度受到影响。因此，教师需要设计有效的学习任务和评估机制，以保证教学质量和学生的学习效果。

二、翻转课堂教学模式

（一）翻转课堂教学模式的概念

翻转课堂教学模式是一种新的教学模式，它将传统的教学模式进行了"翻转"。在传统的教学模式中，教师在课堂上讲授新的知识，学生在课外完成作业。而在翻转课堂教学模式中，这个过程被翻转过来：学生在课前自学新的知识（通常通过在线教学视频等资源），而在课堂上，教师通过指导学生讨论、解决问题和进行项目式学习等方式，帮助他们深化理解和应用知识。这种模式强调学生的主动学习和教师的引导角色，有利于提高学生的参与度和学习效果。在现代教育技术的支持下，翻转课堂教学模式可以实现更加高效、个性化的教学和学习。

（二）翻转课堂教学模式的特点

1.学习前移

翻转课堂教学模式的一个核心特点是将学习前移到课前。学生通过在线观看教学视频、阅读教材等方式，在课前获取和理解新的知识，从而节省了课堂上的讲授时间。

2.课堂活动变化

由于知识传授主要在课前进行，课堂时间更多地用于讨论、实践和深度学习活动。在高校体育教学中，这意味着学生将有更多的时间进行体育技能的实践和锻炼。

3.学生主体

在翻转课堂教学模式中，学生的自主性和主动性得到了强化。学生可以根据自己的进度和需求，选择学习时间和学习内容，也可以主动参与课堂讨论和活动。

4.教师角色转变

在翻转课堂教学模式中，教师的角色从主要的知识传授者转变为引导者和辅导者。教师在课堂上更多地进行引导、解答疑问、提供反馈、组织活动等工作。

5.个性化学习

翻转课堂教学模式支持个性化学习。学生可以根据自己的能力和兴趣，选择学习内容和速度，也可以得到教师的个性化指导和帮助。

（三）翻转课堂教学模式的实施流程

翻转课堂教学模式的实施流程可以分为课前、课中和课后三个阶段。

1. 课前阶段

在高校体育教学中，翻转课堂教学模式的课前阶段主要涉及学生对新知识的自我学习和探索。随着现代教育技术的不断发展，多媒体和网络技术为这个阶段提供了更丰富的学习资源和可能性。

教师可以利用各种技术制作和分享包括视频教程、动画演示、在线阅读材料等多元化的学习资源。例如，一个体育技能的教学视频可以详细演示每一个动作的细节，这能够让学生在自己的时间和节奏下多次观看和模仿，以此掌握正确的运动技巧。同时，互动式课件和虚拟模拟软件等工具，可以帮助学生更直观、更深入地理解复杂的体育理论知识。

教师还可以利用现代教育技术，包括学习管理系统（LMS）、在线学习平台等工具，来管理和引导学生的学习。通过发布课程计划、教学资源、作业任务，以及进行在线交流和讨论，教师可以及时了解和解答学生的疑惑，引导他们的学习方向。此外，通过对学生在线学习行为的数据分析，教师可以更精准地了解学生的学习进度和效果，从而在课堂教学中给予针对性的指导。

2. 课中阶段

在课堂上，教师的角色转变为引导者和协助者。通过引导学生参与讨论、合作解决问题、进行实践活动等方式，教师可以帮助学生更深入地理解和掌握课程内容。在这个阶段，教师的主要职责是创设良好的学习环境，鼓励学生积极参与，解答学生的疑问，提供及时的反馈。

现代教育技术的应用能够丰富课堂教学的方式和方法。例如，教师可以利用虚拟现实（VR）技术，为学生提供沉浸式的体验，使得他们能够在虚拟环境中亲身感受和操作，以增强学习的直观性和实感性。此外，教师还可以利用互动式的教学工具，如投票系统、在线讨论平台等，促进学生之间的互动和交流。

3. 课后阶段

课后阶段是翻转课堂教学模式中对学生学习的反馈和评估阶段。在体育教学中，这个阶段可以用于巩固课堂学习的知识，也可以用于对学生的技能和理论知识进行评估。现代教育技术的发展为这个阶段提供了许多有效的工具。例如，教师可以利用在线作业系统布置和检查作业，给出个性化的反馈，帮助学生了解自己的学习状况。此外，教师还可以利用学习管理系统（LMS）跟踪和管理学生的学习进度，发布课程通知，与学生进行沟通和交流。

通过数据分析工具，教师可以更准确地了解学生的学习效果，发现他们的学习问题和需求，以便调整教学策略和方法。例如，通过对学生作业的评分数据、在线讨论的内容和数量、学习资源的使用情况等进行分析，教师可以了解学生的学习情况，找出他们在学习中遇到的问题，给予针对性的指导。

三、基于学习社区的协作学习模式

（一）基于学习社区的协作学习模式的概念与要素

基于学习社区的协作学习模式是指在高校体育教学领域中，利用互联网和虚拟学习社区平台，促进学生在体育学习中的合作、互动和知识共享的学习模式。该模式主要包含以下四个要素。

1. 虚拟学习社区平台

学生和教师可以通过专门的虚拟学习社区平台进行交流和合作。这个平台可以提供学习资源、课程内容、讨论板块、在线会议等功能，为学生提供一个学习和互动的虚拟环境。

2. 教师的引导和支持

教师在基于学习社区的协作学习模式中起着引导和支持的作用。他们可以在虚拟学习社区平台组织学习活动、分享学习资源、提供指导和反馈，并鼓励学生参与合作学习和讨论。

3. 学生的合作学习

学生在虚拟学习社区平台可以通过合作学习来共同解决问题、讨论学习材料和实践技能。他们可以分组合作，共同完成体育项目、案例分析等任务，促进彼此的学习和成长。

4. 知识共享和互动

学生和教师之间以及学生之间可以通过虚拟学习社区平台进行知识共享和互动。他们可以分享学习经验，展示学习成果，提出问题和提供答案等，以促进信息交流和共同学习。

（二）基于学习社区的协作学习模式的特点

1. 多样性和包容性

在高校体育教学中，基于学习社区的协作学习模式充分体现了多样性和包容性。学生群体来自各种不同的背景，拥有不同的学习经验和体育技能，他们在一个包容性的学习社区中共同学习、共同成长。这种多样性和包容性有助于增加学习的深度和广度，因为学生可以从不同的角度去理解和掌握体育知识。同时，这有助于培养学生的交流能力和团队协作精神，他们需要理解和接纳他人的观点，发挥各自的长处，共同完成学习任务。这种学习环境也有助于激发学生的创新思维，因为他们需要在面对不同的观点和方法时，寻找新的解决方案。

2. 透明度和开放性

在基于学习社区的协作学习模式中，透明度和开放性是非常重要的特点。在高校体育教学中，所有的学习资源、讨论内容和学习成果都是公开的，这样可以提高学习的透明度，让学生更清楚地了解他们的学习进程和成果。同时，这种开放性的环境有助于提高学生的学习积极性，他们可以自由地分享自己的想法和经验，也可以从他人的经验中获得启示。

3.学生中心化

基于学习社区的协作学习模式在高校体育教学中体现了"以学生为中心"的教学理念。在这种模式下，学生不再是被动接受知识，而是主动参与到学习过程中。教师变成了从旁引导、指导和激发学生的潜力的角色。学生在实践中独立思考、解决问题、发挥主观能动性，对体育技能的掌握和理论知识的理解程度都有很大的提升。这种以学生为中心的学习方式，也有利于培养学生的自主学习能力和主动探索精神。

（三）基于学习社区的协作学习模式的实施步骤

基于虚拟学习社区的协作学习模式的实施主要包括以下几个步骤。

1.创建虚拟学习社区平台

教师需要选择一个能够支持学习交流和资源分享的在线平台，创建一个虚拟的学习社区。这个平台可能是学校的在线学习管理系统，也可能是一些常见的在线协作工具，如微信群、QQ群。在选择平台时，要考虑到平台的实用性和便利性，例如是否支持实时交流、是否能方便地分享和存储学习资源等。创建虚拟学习社区后，相关人员需要对社区进行适当的管理和维护，如定期更新信息、维持秩序等，以保持社区的活力和效果。

2.设定学习目标和内容

在虚拟学习社区中，教师需要明确设定学习目标，这个目标应该对学生的学习和发展具有重要价值。根据学习目标，教师需要制定出对应的学习内容。在高校体育教学中，学习内容主要包括体育理论知识、体育技能等。在设定学习内容时，教师需要充分考虑学生的学习需求和兴趣，以提高学生的学习积极性和效率。

3.发布和共享学习资源

在虚拟学习社区中，教师需要发布和共享各种形式的学习资源，包括教学视频、教材、相关的文献资料、在线课程等。这些资源能够帮助学生进行自主学习，提高学习效率。学生也可以在社区中分享自己的学习资源和心得，这有助于促进学生之间的交流和合作，增强社区的活力。

4. 设计和组织协作学习活动

教师需要设计一系列鼓励学生之间协作和互动的学习活动，如小组讨论、合作完成任务、竞赛活动等。这些活动应该与学习目标和内容紧密相连，能够提高学生的参与度，激发学生的学习兴趣。与此同时，这些活动也能够培养学生的团队协作能力和问题解决能力，为他们的未来学习和工作打下良好的基础。

5. 引导和监控学习过程

教师在虚拟学习社区中的角色不仅是教育者，还是引导者和监督者。教师需要在学习过程中为学生提供必要的引导和帮助，解答学生的疑问，激发学生的学习动机。教师也需要监控学生的学习进度和活动参与情况，以确保每个学生都能够有效地参与到学习中，提高学习效果。

6. 实施多元化评价

教师需要采用多元化的评价方式来评价学生的学习成果，如小组项目评价、学习过程评价、同伴评价、自我评价等。这种多元化的评价方式能够全面地反映学生的学习情况，不仅反映学生的知识掌握程度，还反映他们的实践能力、团队协作能力和自我评价能力。

7. 及时反馈和调整

根据学习过程和评价结果，教师需要给学生及时的反馈，帮助他们了解自身的学习情况。同时，教师需要根据实际情况调整学习活动和方法，例如，如果某个活动效果不佳，就需要及时调整活动设计或组织方式。这种及时的反馈和调整，有助于保持虚拟学习社区的活力和效果，提高学生的学习满意度和效果。

四、基于学科工具的自主学习模式

（一）基于学科工具的自主学习模式的概念

基于学科工具的自主学习模式是一种以学生为中心的教学模式，这种模式依赖现代教育技术，尤其是数字技术，让学生在教师的指导下，通过使用各种教育工具，按照自己的学习节奏和需求，进行深度学习和探索。在高校体育教学中，这种模式可能涉及运动分析软件、在线视频教程、虚拟现实设备、人工智能教练等学科工具。

（二）基于学科工具的自主学习模式的特点

1. 学科工具驱动

在基于学科工具的自主学习模式中，学科工具扮演了关键角色。这些工具，包括运动分析软件、在线教学视频、虚拟现实设备等，形成了丰富的学习资源，为学生提供了大量的实践、探索和学习的机会。例如，运动分析软件可以帮助学生理解运动机制，提高运动技能；在线教学视频通过直观的视觉效果，能够使学生更好地理解和掌握运动技巧；虚拟现实设备可以为学生提供仿真的运动环境，增强学习的体验性。这些工具不仅拓宽了学习渠道，还极大地丰富了学习内容，让学生在使用工具的过程中，更深入地理解和感知体育运动的各个方面。

2. 灵活性与个性化

基于学科工具的自主学习模式极大地提高了学习的灵活性和个性化。学生可以根据自己的需求和进度自由选择使用哪些工具，以何种方式进行学习，从而使学习变得更加贴近自己的实际需求。比如，如果一个学生在某项运动技能上有困难，他可以选择观看相关的在线教学视频，通过反复观看和模仿，来提高自己的技能。同时，这种学习模式可以使学生在自己有空闲时间的时候进行学习，增强了学习的便利性。因此，学科工具的使用不仅促进了学习的灵活性，还能够使学生根据自己的需求和兴趣进行个性化的学习。

3. 互动学习

学科工具，如在线讨论论坛、社交媒体平台等，为学生提供了一个开放、互动的学习环境。在这个环境中，学生可以分享自己的学习经验和知识，也可以向其他学生学习，从而形成了一个共享的学习社区。这种互动不仅能够提高学生的学习效率，还能提高学习的质量。例如，学生可以在在线论坛上发表自己的观点，参与讨论，对他人的观点提出批评或建议，这不仅能够锻炼学生的思考和表达能力，还能够促进学生之间的交流和合作，提高学习的效率和质量。

（三）基于学科工具的自主学习模式的实施流程

1. 设定学习目标

在基于学科工具的自主学习模式中，设定学习目标是第一步。这一步主要是学生在教师的引导下，根据自身的需求和兴趣确定要学习的内容和目标。例如，一个学生想要提高自己的篮球投篮技巧，那么他的学习目标就可能是"提高篮球投篮的命中率"。学习目标的设定，不仅可以帮助学生清晰地了解自己的学习方向，还可以为后续的学习计划制定提供依据。

2. 选择学科工具

现代教育技术为学生提供了多种多样的学科工具，如运动分析软件、在线视频教程、虚拟现实设备等。学生可以根据自身的学习目标，选择最适合自己的工具进行学习。比如，想要提高篮球技巧的学生，可能会选择一些篮球技巧的在线教学视频进行学习；想要理解运动生理的学生，可能会使用运动分析软件来帮助自己分析和理解。

3. 计划学习过程

计划学习过程是基于学科工具的自主学习模式中的关键一环。在这一步中，学生根据自己设定的学习目标和选择的学科工具，制定出详细的学习计划和策略。这些计划包括学习的时间安排、学习的步骤和方法、如何使用学科工具进行学习等。

4. 自主学习

自主学习是学生按照自己的计划进行学习的过程。在这一步中，学生可以通过观看在线教学视频、使用运动分析软件等方式进行学习。在这个过程中，学生需要主动地探索和发现，尽可能地理解和掌握学习内容。

5. 反馈与评价

反馈与评价是自主学习的重要环节。在这一环节，教师和学生共同评价学习过程和结果，帮助学生了解自己的学习进度和效果。教师可以提供专业的评价和建议，帮助学生找到学习中遇到的问题，提高学习效果。

6. 调整学习计划

根据反馈和评价的结果，学生需要调整学习计划和策略，以更好地达到学习目标。这个过程可能涉及改变学习的时间、方法、重新选择更适合自己的学科工具等。这一环节体现了自主学习的灵活性和个性化，可以帮助学生根据自身情况和反馈结果，更好地进行学习。

第六章 教师发展推动高校体育教学模式创新

第一节 高校体育教师概述

一、高校体育教师的角色

（一）体育教学的设计者和组织者

作为高校体育教师，他们在体育教学中首要的角色就是体育教学的设计者和组织者。作为设计者，他们需要根据高校体育教学的目标，结合教育理论和体育教学理论，根据学生的实际情况，进行个性化的教学设计。在教学设计中，他们需要考虑多种因素，如学生的体质、兴趣、动机，体育教学资源等，以确保教学设计的科学性和适用性。他们需要运用科学的教学设计理论，以确保体育教学活动的有效性和吸引力，同时需要考虑安全性和可行性。

在教学组织方面，体育教师需要扮演引导者、协调者和管理者的角色。他们需要通过有效的教学组织形式，如小组活动、竞赛活动等，引导学生积极参与，提高学生的学习积极性和主动性。在教学组织过程中，他们需要对学生进行个别化指导，为学生提供必要的支持和帮助，激发学生的学习兴趣和动机。同时，他们需要对教学活动进行有效管理，以确保教学的顺利进行和目标的达成。

（二）体育课程的全程参与者

高校体育教师不仅是体育课程的设计者和组织者，还是体育课程的全程参与者。他们的责任不仅在于设计和组织课程，还在于为学生提供全面、个性化的学习支持，引领学生参与体育活动，享受运动的乐趣。

体育教师在课程实施过程中的作用无可替代。他们需要在每一节课中，展现出敬业和专业，以身作则，为学生示范正确的动作，解答学生的疑问，指导学生安全、有效地进行体育运动。他们需要根据每个学生的身体条件和技能水平，提供个性化的指导和反馈，帮助学生克服困难，提高技能。在这个过程中，体育教师需要保持耐心和热情，鼓励每个学生，让他们感到被理解和尊重。

此外，体育教师还需要全程参与课程的评价和改进。他们需要定期收集学生的反馈，评估教学的效果，根据学生的需求和反馈，调整教学计划和方法。他们需要与同事、行政人员和其他教育工作者合作，分享自己的观察和想法，寻求改进的机会。他们需要时刻保持开放和适应性，以满足不断变化的学习环境和学生需求。

在全程参与体育课程的过程中，体育教师也需要培养和维护与学生的互动关系。他们需要理解每个学生的需求和期待，尊重学生的个体差异，倾听学生的观点和建议。他们需要鼓励学生提出自己的想法，参与到教学的设计和决策中，以提高学生的积极性和责任感。他们需要通过与学生良好的沟通和互动，建立与学生的相互信任和尊重关系，以创建一个积极、开放的学习环境。

（三）体育技能的传授者

高校体育教师的一个重要的角色是体育技能的传授者。他们犹如良师益友，引领学生走进体育运动的世界，分享运动的乐趣。他们必须具备丰富的体育知识和技能，同时拥有优秀的教学能力，以高效并有效地进行教学。

在体育技能传授的过程中，教师不仅要掌握并展示正确的动作姿态，还需要将运动规则和技巧融入教学，使学生深入了解并实际操作。同时，体育教师要时刻保持自身处在体育领域的前沿，紧跟运动科技的新发展，以将最新的运动理念和技术带给学生。

体育教师在教学过程中的教学能力同样关键。他们需要运用灵活多样的教学方法和策略，考虑学生的学习习惯和特点，以提高教学效果。与此同时，优秀的沟通能力是必不可少的。教师需要用简单明了的语言解释运动技巧，使学生易于理解，同时针对学生的学习进度调整教学计划，并及时有效地提供反馈和指导。

作为体育技能的传授者，体育教师还有责任培养学生的健康生活方式。他们要引导学生理解和接受正确的运动观念，培养学生积极参与体育运动的习惯，并教育学生如何正确预防运动伤害。这样，学生才能全面地掌握体育知识和技能，将运动融入生活，享受运动带来的快乐。

（四）体育专业的学习者

体育教师也是一名体育专业的学习者。这一角色不仅要求教师不断提高自身的体育技能，还要求他们对相关的跨学科知识，如教育学、心理学、生理学等，有深入的理解和掌握。

体育教师需要了解和掌握体育运动的最新理论和技术。科技的发展不断推动体育领域的进步，新的运动理念和技术层出不穷。体育老师作为体育专业的学习者，需要密切关注这些变化，持续更新自己的知识和技能，以提供最准确、最新的指导给学生。这对于提高学生的体育技能，培养他们的综合素质具有极其重要的作用。

在学习过程中，体育教师也需要熟悉并运用教育学的理论和方法，以提高教学质量和效果。理解学生的学习方式和进程，运用有效的教学策略和手段，有助于提高学生的学习兴趣和动力，从而实现教学目标。此外，通过运用教育学的理论，教师可以更好地理解和评估自己的教学行为，进一步提高自身的教学能力。

体育教师还需要理解心理学和生理学的知识。在运动过程中，学生的身心状态直接影响他们的表现和体验。体育教师只有理解学生的心理反应，才能更好地调动他们的积极性和参与度。生理学知识的运用，可以帮助教师更好地理解学生的生理变化和需求，为他们提供更科学、更合理的指导和建议。

（五）学校体育的研究者

高校体育教师也是学校体育的研究者。他们通过研究探索出更好的教学方法和策略，以提高教学效果，丰富学校体育的内容和形式。作为学校体育的研究者，教师需要进行教学实践的反思和总结，挖掘和解决在教学过程中遇到的问题。这既包括教学方法的改进，也包括教学内容的更新。教师还需要深入理解学生的需求，为他们提供更好的学习环境和体验。

教师还需要关注国内外体育的发展和趋势，了解新的理念、方法和技术。他们可以通过研究这些新的理念和方法，将其应用到自己的教学实践中，从而推动学校体育的进步。同时，教师需要与其他教师和专家进行交流和合作，共享研究成果，共同推动学校体育的发展。这种交流和合作可以激发教师的创新思维，丰富他们的教学方法和策略，提高教学质量。例如，教师可以参与学术会议，加入教育研究团队，或者与其他学校的教师进行互动，这些都能为教师提供宝贵的学习和发展机会。

在进行学校体育研究时，教师也可以将学生纳入研究中。他们可以引导学生参与到研究活动中，进行实践学习。这不仅可以提高学生的研究能力和团队协作能力，还可以让学生对体育有更深入的理解，培养他们的创新精神和独立思考能力。

作为学校体育的研究者，体育教师有责任推广研究成果，为学校体育的发展贡献力量。他们可以通过撰写论文，进行公开演讲，或者直接将研究成果应用到教学中，提高学校体育的质量和影响力。

二、高校体育教师的职责

高校体育教师的职责突出体现在五个方面，如图 6-1 所示。

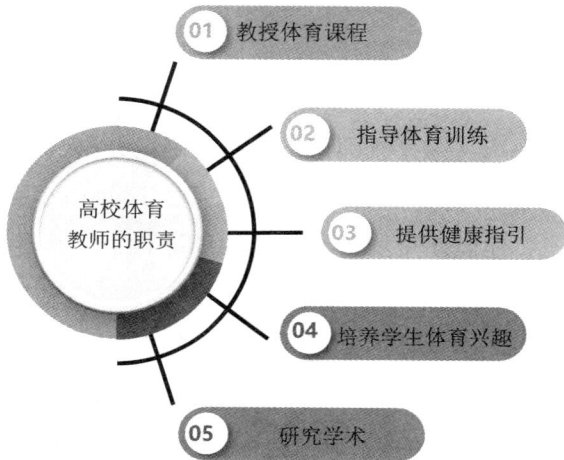

图 6-1 高校体育教师的职责

（一）教授体育课程

高校体育教师承担着教授体育课程的主要职责。他们必须精通一门或多门体育项目，以便为学生提供丰富的体育知识和技能训练。他们的任务不仅仅是讲解运动技巧或规则，更是对学生进行全面的体育素质培养。因此，高校体育教师需要不断学习和研究，以便在教学内容和方法上保持创新。他们必须具备良好的沟通和处理人际关系技巧，以便在教学过程中与学生建立有效的互动关系。

高校体育教师在教授体育课程时，需要考虑学生的个体差异，灵活调整教学方法和速度。他们必须时刻关注学生的学习进度和状态，鼓励学生积极参与到体育活动中来。他们还需要关心学生的情绪和需求，为学生提供合理的体育锻炼建议和支持。为了确保学生的身心健康，他们必须注重体育道德教育，培养学生的团队精神和公平竞争观念。

（二）指导体育训练

体育教师在高校中还需要担任指导学生体育训练的角色。他们可能会承担某个体育项目的教练职务，负责组织并监督学生的体育训练。他们需要具备出色的专业知识和技巧，以便准确地指导学生，帮助学生提高技术水平。

对于每一项训练，体育教师都需要有清晰的计划和目标，他们需要设计出适合学生能力的训练项目和难度，通过不断实践和调整，帮助学生提高体育技能。他们还需要关注学生的训练状态，及时发现并解决训练中的问题，以确保训练的有效性和安全性。

在训练过程中，体育教师还需要培养学生的体育精神和良好的运动习惯。他们需要教授学生如何合理地安排训练，如何正确地对待胜利和失败，以及如何在困难和挫折面前坚持不懈。通过这样的训练，学生不仅可以提高体育技能，还可以在过程中培养自信、毅力和团队协作的精神。

（三）提供健康指引

体育教师在高校中不仅负责教导学生运动技能，还有责任在生活方式、健康观念等方面给予学生正确的指引。这种指引包括但不限于营养指导、运动伤害预防、身心健康管理等。通过分享科学的健康理念，教师可以帮助学生形成正确的生活方式和健康习惯。

在营养指导方面，体育教师需要了解和掌握基本的营养知识，引导学生理解健康饮食的重要性。教师可以通过课堂讲解，教授学生如何制定合理的饮食计划，了解不同食物对身体的影响，培养他们自我管理的能力。

在运动伤害预防方面，教师需要了解各类体育活动中可能出现的安全隐患，并教授学生如何防止运动伤害。比如，教师应教授学生如何进行正确的热身和拉伸运动，如何调整运动装备和运动环境以降低伤害风险，以及在发生运动伤害时如何进行初步处理和恢复训练。

在身心健康管理方面，体育教师应了解身心健康的相关知识，引导学生在忙碌的学习和生活中，合理地安排运动，保持良好的情绪状态。他们可以教授学生如何通过运动来缓解压力，提升情绪，以及如何在运动中获得乐趣，提高生活质量。

（四）培养学生体育兴趣

体育教师在高校中需要承担培养学生对体育的兴趣和热情的职责。这是一个挑战，但也是一个机会，因为教师有机会激发学生的潜力，提高他们的运动技能，塑造他们的性格，并为他们的健康和快乐的生活做出贡献。

为了激发学生的体育兴趣，教师可以采用多种方法。他们可以组织丰富多彩的体育活动，如运动会、球赛、健身课等，让学生在参与中体验运动的乐趣。他们可以通过竞赛和比赛，让学生体验挑战和成功的喜悦，培养学生的竞争精神和团队精神。他们还可以通过体育项目的展示，让学生接触不同类型的运动，发现自己的兴趣点，从而提高学生参与体育活动的积极性。此外，他们还可以结合学生的个人情况，提供个性化的指导和支持，让每一个学生都能在体育中找到自己的位置。

当然，培养学生的体育兴趣并非一朝一夕的事情，需要教师不断努力和坚持。他们需要密切关注学生的动态，关心学生的感受，及时调整教学和活动的方式，以确保它们能够满足学生的需求和兴趣。他们需要激发学生的好奇心，启发学生的思考，帮助学生看到体育的价值和意义。他们还需要给予学生充分的鼓励和支持，让学生能够自信地面对挑战，享受运动的过程。

在培养学生体育兴趣的过程中，体育教师还承担着教育和引导学生的职责。他们需要教育学生理解和接受体育的规则，尊重他人，公平竞赛。他们需要引导学生正确处理胜利和失败，培养学生的毅力和韧性。他们需要让学生意识到，体育不仅仅是一种运动，更是一种生活方式，一种价值观，一种为了健康和快乐而生活的方式。

（五）研究学术

高校体育教师在从事教学工作的同时，需要进行学术研究。这些研究涵盖体育教学理论、体育训练方法、运动生理学、运动心理学等多个领域，旨在推动体育教学的发展和创新。

在进行学术研究时，体育教师需要有扎实的专业知识和研究技能，能够独立进行问题的研究和探索。他们需要有开放的思维，愿意接受新的观点和方法，勇于挑战已有的理论和观念。他们需要有良好的组织和管理能力，以确保能够有效地管理研究项目，保证其顺利进行。

进行学术研究的过程也是一个不断学习和提升的过程。体育教师需要通过阅读文献，参与学术会议，与同行交流，不断更新知识，提高研究能力。他们需要有良好的写作技巧，以确保能够清晰、准确地表达自己的观点和发现，分享自己的研究成果。

此外，体育教师还需要关注研究的实用性和影响力。他们需要考虑如何将研究结果应用到实际的教学和训练中，以提高教学的效果和质量。他们需要关注社会的需求，关注体育发展的趋势，以确保他们的研究对社会和体育有实际的贡献。

三、高校体育教师的素质体系

高校体育教师的素质体现包括能力结构、职业道德和心理素质，如图 6-2 所示。

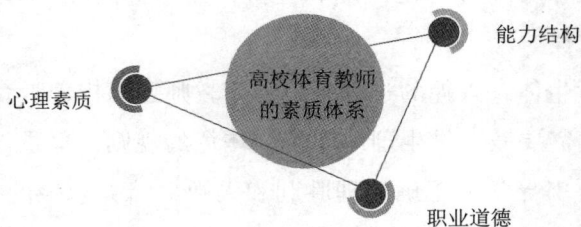

图 6-2　高校体育教师的素质体系

（一）能力结构

1. 教学能力

教学能力是高校体育教师的核心能力，包括教学设计、教学实施、教学评估等方面的能力。他们需要理解并掌握体育教学的基本理论和知识，了解学生的学习需求和特点，以此设计出有针对性的教学计划。在教学实施过程中，他们需要运用各种教学方法和技巧，激发学生的学习兴趣，帮助学生掌握体育技能。教学评估是对教学效果的检查和反馈，他们需要建立和实施有效的评估机制，及时了解学生的学习进度和困难，以调整教学策略。

2. 沟通能力

沟通能力对高校体育教师来说至关重要。他们需要有效地与学生、同事等进行沟通和交流，理解和尊重他人的观点和感受，充分表达自己的思想和意愿。在教学过程中，他们需要与学生进行有效的沟通，理解学生的学习需求和困难，给予学生及时和适当的指导和支持。此外，他们还需要与同事保持良好的沟通，共同关心和支持学生的学习和发展。

3. 组织能力

高校体育教师需要有良好的组织能力，包括组织和安排教学活动、管理教学资源和时间、协调教学团队等方面的能力。他们需要根据教学计划和学生的学习需求，合理安排教学活动，使学生能够有效地学习和实践。他们需要有效管理教学资源，如教材、设备、场地等，使其得到充分和合理的使用。他们还需要协调教学团队，使所有教师能够协作完成教学任务，以形成良好的教学氛围。

4. 问题解决能力

在教学过程中，高校体育教师可能会遇到各种问题，如学生的学习困难、教学资源的短缺、教学方法的失效等。他们需要有良好的问题解决能力，能够迅速识别和分析问题，寻找并实施有效的解决方案。他们需要保持开放和创新的思维，从不同的角度和层次来看问题，不畏难，敢于尝试新的方法和策略，从而达到优化教学过程，提高教学效果的目标。

5. 科研能力

高校体育教师需要具备科研能力，能够在专业领域对科研项目进行深入的研究，推动体育教学的发展。他们需要掌握科研方法，能够设计和实施科研项目。他们需要关注学术前沿，积极参与学术交流，及时更新教学理念和方法。科研能力可以帮助他们提高专业素养和教学质量，为体育教学的改革和发展做出贡献。

6. 创新能力

创新能力是高校体育教师的重要能力之一。他们需要在教学理念、教学方法、教学内容、教学评估等方面持续创新。他们需要积极探索适应时代发展的新型教学模式，利用新技术提高教学效率，根据学生的个体差异和需求设计有创意的教学活动。创新能力可以帮助他们适应教育发展的新趋势，满足学生的多元化需求，提高教学的吸引力和效果。

7. 运用现代教育技术的能力

高校体育教师需要掌握现代教育技术，如多媒体教学、网络教学、虚拟现实教学等，并能将其有效地运用到教学中。他们需要了解和掌握新的教育技术，能够将这些技术融入教学设计和实施中，以提高教学的效率和质量。他们需要有信息素养，能够利用信息技术获取和分析教学资源，以推动教学的个性化和智能化。

8. 团队合作能力

高校体育教师需要具备团队合作能力，以确保能够与其他教师、教育机构和社会资源进行有效的合作。他们需要尊重和理解团队成员，积极参与团队决策，共同完成教学任务。他们需要有协调和领导能力，能够调动团队成员的积极性和创造性，形成合力，提高教学效果。

（二）职业道德

1. 依法执教

对高校体育教师来说，依法执教不仅是一种基本要求，还是一种职业道德。他们需要按照教育法律法规的要求进行教学活动，尊重学生的权益，不偏爱、不歧视任何一个学生。体育教师需要在课堂上公平公正，尊重学生的独立性和自由发展的权利。同时，他们要理解和遵守相关的安全法规，防止因教学活动而引发的安全事故。依法执教可以帮助体育教师树立良好的教育理念，不断提升专业素养，以此实现自我价值和社会价值的统一。

2. 爱岗敬业

爱岗敬业是指教师投入工作中，尊重自己的职业，认真对待每一项教学任务。对于体育教师来说，他们需要有足够的热情和激情去推动学生的身体健康和运动技能的发展。他们需要对自己的教学内容有深入的理解，不断地进行自我学习和提高。这种爱岗敬业的态度，不仅体现在日常教学活动中，还体现在对学生的关心和引导中。

3. 关爱学生

关爱学生是指体育教师以一种充满爱心和理解的态度对待学生。他们要理解学生的需求，尊重学生的感受，鼓励学生的优点，引导学生克服困难。他们要用心去观察学生，用爱心去教育学生，让学生在运动中感受到乐趣，体验到成功。关爱学生是体育教师职业道德的重要组成部分，也是他们赢得学生尊重和信任的关键。

4. 严谨治学

严谨治学是指体育教师在教学和科研活动中，要有科学的态度和严谨的方法。他们要不断提高自己的专业水平，更新教学理念和方法，注重教学效果的评估和反馈。严谨治学还要求体育教师对待学生要公正、公平、公开，对待教学工作要严肃认真，不徇私舞弊。这种严谨的态度，不仅可以提高教学质量，还有助于塑造良好的校园文化。

5. 团结协作

高校体育教师的工作并不是孤立的，需要与同事、学生以及家长等进行合作。团结协作表现在对共同目标的追求，对团队成员的尊重和理解，对团队决策的支持和执行等方面上。团结协作，可以提高工作效率，促进资源的合理配置，增强团队的凝聚力和创新力。

6. 廉洁从教

廉洁从教，意味着教师要保持自身的道德操守和职业清白。他们要自觉抵制各种形式的贪污、腐败行为，不接受任何形式的贿赂，不以权谋私。廉洁从教可以帮助体育教师树立良好的社会形象，赢得社会的尊重和信任。

7. 为人师表

为人师表，是说教师要以自己的言行影响和引导学生。体育教师的言行，无论是在课堂上还是在课堂外，都可能成为学生模仿和学习的对象。他们积极健康的生活态度、严谨的工作态度、热爱运动的精神风貌、公正公平的处理问题的能力，都可以给学生留下深刻的印象，影响学生的价值观念和行为习惯。因此，高校体育教师要时刻以身作则，为人师表。

（三）心理素质

1. 坚韧与耐力

坚韧与耐力是高校体育教师必不可少的心理素质。坚韧是指教师在遇到困难时，能够坚持不懈，面对挑战时，有决心去克服。他们不会因为一次失败就气馁，相反，他们会从中找出问题，寻求解决方案。坚韧的体育教师，会教会学生如何在面对困难时，保持冷静和坚韧，如何在遭受挫折时，振作精神，重新开始。

耐力则表现在教师长期的教学过程中。他们需要保持持久的热情和关注，不断地追求教学质量的提高，学生技能的进步。即使在重复的工作中，他们也能坚持下去，不断地寻求新的教学方法和手段，从而提高学生的学习兴趣和效果。耐力使得教师能够在日复一日、年复一年的教学工作中，始终保持热爱。

2. 自我调节

自我调节是高校体育教师不可或缺的心理素质之一。教育是一个复杂的过程，涉及学生、教学环境等多个变量。教师需要不断调整自己的教学方法、态度和行为，以适应这些变化。自我调节能力包括自我感知、自我控制和自我激励三个方面。自我感知是教师能够准确地认识自己的情绪和心理状态，包括识别自己的情绪变化、判断自己的情绪稳定性和强度等。自我控制是教师能够控制自己的情绪和行为，避免情绪的过度波动对教学工作的影响。自我激励是教师能够调动自己的积极情绪和动力，促使自己更好地完成教学工作。这样，体育教师在面对学生的不同性格、不同能力、不同需求时，都能调整好自己的教学策略，以达到最好的教学效果。

3. 积极心态

在教学过程中，教师需要面对各种各样的挑战和困难，如学生的学习难题、教学资源的限制、教学环境的变化等。在这些情况下，只有积极的心态，才能使教师保持教学热情，面对困难不气馁，面对挑战不退缩。积极心态包括积极的情绪、积极的思维和积极的行动。积极的情绪能够使教师调动自己的正面情绪，使自己在面对困难和挑战时，保持乐观、自信的态度。积极的思维能够使教师用积极、正面的思维方式来思考问题，寻找解决办法。积极的行动能够使教师通过实际的行动，将积极的情绪和思维转化为教学成果。这样，体育教师就能在教学中充分发挥自己的能力，为学生提供优质的教学服务。

4. 适应能力

教学环境是多变的，包括学生的学习需求、教学资源的分配、教学方法的改进、教学政策的调整等。教师只有拥有强大的适应能力，才能迅速应对这些变化，保证教学工作的顺利进行。适应能力包括环境适应、心理适应和行为适应三个方面。环境适应能够使教师快速理解并适应新的教学环境。心理适应能够使教师调整自己的心理状态，以适应新的环境和任务。行为适应能够使教师调整自己的行为模式，以适应新的环境和任务。这样，无论教学环境如何变化，体育教师都能做出正确的反应，确保教学质量。

5. 自信和自尊

自信和自尊属于自我认知层面的内容，这是高校体育教师在教学工作中取得成功的重要因素。自信能够让教师坚定地信任自己的专业能力和教育理念，从而在教学中表现得自如和有力。自尊则能够让教师尊重自己的价值和成就，从而在面对挑战和批评时，保持自我肯定和尊严。

自信来自教师的专业知识和实践经验，以及对自己能力的认知和信任。自信的教师不会轻易被困难和挫折击倒，因为他们相信自己有能力解决问题。同时，自信的教师会更加自如地和学生、家长、同事进行交流，因为他们对自己的教育工作有深深的信任。

自尊则体现在教师对自己的尊重和肯定上。他们尊重自己的专业选择，珍视自己的教育成就，认同自己的价值。这种尊重和肯定能让教师在面对困难和批评时，不失自我，保持坚定。同时，自尊的教师会给予他人尊重，因为他们认识到每个人都有自己的价值和尊严。

第二节　教师发展对高校体育教学模式创新的推动作用

本书在前面论述了教师的素质结构，包括能力结构、职业道德和心理素质，这三方面的发展在推动高校体育教学模式创新中发挥着十分重要的作用。除了这三项素质之外，教师专业知识的更新对于高校体育教学模式的创新也起着积极的作用。下面，本书便从这四个方面着手（图6-3），进一步论述教师发展对高校体育教学模式创新的推动作用。

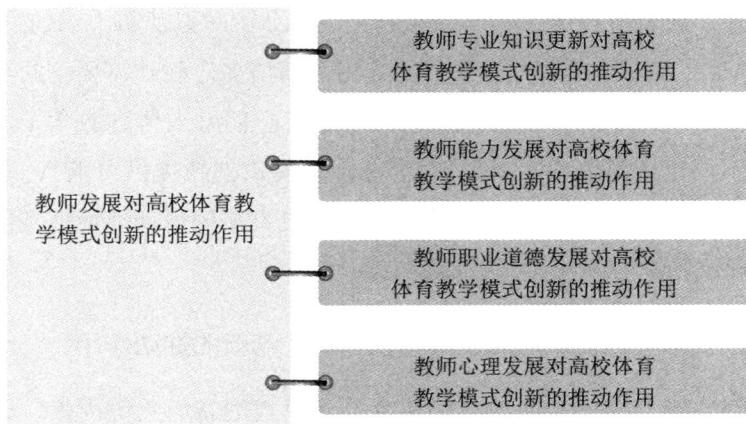

图 6-3　教师发展对高校体育教学模式创新的推动作用

一、教师专业知识更新对高校体育教学模式创新的推动作用

在体育教学中，教师的专业知识是推动教学模式创新的关键因素。在全球化的今天，体育科学的知识更新速度越来越快，包括运动生理学、运动生物力学、运动心理学等。在这个快速发展的过程中，教师需要不断更新自己的专业知识，跟上体育科学的发展步伐。

专业知识的更新为教师提供了更全面、更深入的理论支持，能让教师更准确地理解学生，更有效地实施教学。这些新的理论知识能激发教师的创新精神，让他们在教学过程中尝试新的教学模式，引领教学模式的创新。例如，随着运动生物力学的发展，教师可以运用这些新知识来优化教学策略，如设计个性化训练计划，针对学生身体状况进行训练调整等。这些新的教学模式能够更精确地满足学生的需求，提高教学效果。

新的体育科学理论还能帮助教师更好地理解学生的动机、情绪和心理压力，从而设计出更有效的教学方法，以提高学生的学习动力和参与度。例如，运动心理学的知识可以帮助教师更好地理解学生的学习动机，设计出更有吸引力的教学内容。

此外，随着科技的发展，人工智能（AI）、虚拟现实（VR）和增强现实（AR）等技术在体育教学中的应用逐渐增多。教师需要不断更新自己的专业知识，了解并掌握这些新技术，将它们融入体育教学中。这些新技术不仅能提高教学效率，还能为教学模式创新提供可能性。例如，教师可以利用虚拟现实（VR）技术创建出更真实的运动环境，帮助学生更好地理解和学习某项体育技能。

二、教师能力发展对高校体育教学模式创新的推动作用

教师的能力发展是推动高校体育教学模式创新的关键因素。其原因在于，教师是实现教学创新的主要行动者，他们的能力决定了教学模式创新的可能性和效果。这种能力不仅包括教师在教学、管理和其他专业技能上的综合素质，还包括他们对新知识、新技术的理解和运用能力，以及解决教学问题的创新能力。

比如，在教学能力方面，教师需要有扎实的体育专业知识和技能，能够根据学生的身体条件和学习需求，进行个性化的教学设计和实施。同时，教师需要有良好的教学策略和方法，能够激发学生的学习兴趣，增强学生的体育技能和体育意识。

又如，在管理能力方面，教师需要有良好的组织协调能力和决策能力。在教学过程中，教师需要管理好教学进度，协调好教学资源，解决好教学中的各种问题。在创新教学模式的过程中，教师需要具备良好的决策能力，能够根据教学实际，及时调整教学策略，以确保教学效果。

再如，在现代教育技术的运用能力方面，随着科技的发展，现代教育技术在教学中的应用越来越广泛。教师需要熟练运用各种现代教育技术，包括信息技术、通信技术、网络技术等，以提高教学效率和效果。

当然，高校体育教学模式的创新是一项复杂而细致的工作，它需要

教师综合运用多方面的能力来推动和实现。教师能力发展的整体性就在于，无论是哪一方面的能力，都不是孤立存在的，而是相互关联、相互影响的。因此，教师能力的发展不能只局限于某项内力，只有实现教师能力的整体性发展，才能更有效地推动高校体育教学模式的创新。

三、教师职业道德发展对高校体育教学模式创新的推动作用

教师职业道德的整体发展对于推动高校体育教学模式创新的作用不可忽视。作为一种高尚的职业精神和行为准则，教师职业道德的发展在根本上塑造了教师的专业形象，提升了教师的教学效能，激发了教师的创新意识，为体育教学模式创新提供了强大的内生动力。

教师职业道德涵盖的范围很广，如前面提到的依法执教、爱岗敬业、关爱学生、严谨治学、团队协作、廉洁从教、为人师表。在教师职业道德的引导下，教师会更加专注于教学实践，投入学生的教育和成长过程中，从而更有效地推动体育教学模式的创新。

职业道德的整体发展也有助于激发教师的创新意识。因为职业道德并不是一个固定不变的规定，而是随着时代的发展和教育实践的变化而不断发展和升华的。在这个过程中，教师需要有勇气和智慧去接受新的挑战，去探索新的可能，去创造新的价值。这就需要教师具有开放的心态和创新的精神，这是教师职业道德发展的重要体现。

教师职业道德的发展对于体育教学模式创新的推动，更体现在为教学创新提供了强大的内生动力上。高尚的教师职业道德会激发教师对教育事业的热情，能够使教师积极主动地参与到教学改革和创新中来。在职业道德的驱动下，教师会以更开放的视野、更深入的思考、更大胆的尝试，去探索适应学生发展需要的体育教学模式。

四、教师心理发展对高校体育教学模式创新的推动作用

教师的心理发展也是推动体育教学模式创新的重要因素。教师的心

理状态会直接影响他们的教学效果，进而影响教学模式的创新。教师的心理状态包括他们的情绪、动机、自我认知等多个方面。当教师的心理状态良好时，他们更有可能在教学过程中发挥出最好的状态，设计出更有效、更有趣的教学模式。相反，如果教师的心理状态不佳，他们在教学过程中可能会失去动力，影响教学效果。

例如，当教师对教学充满热情，有较高的动机和责任感时，他们更可能积极地尝试新的教学方法，创新教学模式。他们会更愿意花时间和精力去了解学生，设计出符合学生需求的教学计划。这样的教师更容易产生新的教学思想，推动体育教学模式的创新。

教师的自我认知也会对教学模式创新产生影响。对自身的正确认知能够帮助教师更好地发挥自己的优势，避免弱点，从而更有效地进行教学。当教师清楚自己的教学风格、教学理念，明白自己在教学过程中的角色时，他们就可以更自信地去尝试新的教学模式，推动教学创新。

教师的心理素质对处理教学中的压力和挑战也非常重要。在教学过程中，教师可能会遇到各种问题和困难，如学生的学习困难、教学资源的不足、教学方法的失效等。这些问题都需要教师有足够的心理素质去面对。当教师能够积极地面对这些问题，寻找解决方法时，他们就更可能在教学过程中创新，找到新的教学模式。

第三节　影响高校体育教师发展的因素分析

影响高校体育教师发展的因素有很多，在此，本书主要分析三个主要的因素，如图 6-4 所示。

图 6-4　影响高校体育教师发展的因素

一、政策制度方面的因素

（一）教育政策和体育政策

教育政策和体育政策是影响体育教师发展的关键因素。它们可能促进体育教师的职业发展，也可能限制或阻碍其进步。在深入探讨这个问题之前，首先要理解教育政策和体育政策的定义。教育政策是由政府或相关教育机构制定的，旨在提高教育质量和学生的学习效果，同时为教师的职业发展提供框架和指引。体育政策则是教育政策的一部分，专门针对体育领域。具体来说，教育政策和体育政策对体育教师发展的影响主要体现在以下两个方面。

1. 职业培训与继续教育

教育政策和体育政策通常包括对教师进行职业培训和继续教育的政策。体育教师的职业培训和继续教育政策可以确保教师获得最新的教学理念、技术和知识。这有助于他们维持与时俱进的教学素质，从而提高教学效果和满足不断变化的教育需求。通过职业培训和继续教育，体育教师可以不断地更新和扩大他们的知识库，提高他们的教学能力和技巧。这将促进他们的职业成长，提高他们的教学质量和效率。在实施职业培训和继续教育政策的过程中，可能会出现一些问题。例如，如果培训和教育的机会不均等，或者其内容、方法和质量没有得到有效的保障，那么这些政策可能会限制或阻碍体育教师的发展。因此，必须确保职业培训和继续教育政策的制定和实施是公正、公平、有效和适应性强的。

2. 学校资源的分配

政策如何进行学校资源的分配也会影响体育教师的发展。当政策倾向于将更多的资源投入学术教育而忽视体育时，体育教师可能会发现他们缺乏必要的资源来有效地开展教学。例如，他们可能没有足够的设备、场地或者其他教学材料来支持教学。这不仅可能影响他们的教学质量，还可能阻碍他们的职业发展。同时，政策对于学校资源分配的决策也可能影响体育教师的工作满意度和职业道路。如果他们觉得自己的努力和贡献没有得到足够的认可和支持，那么他们可能会感到沮丧和无力，这可能影响他们的教学效果和职业发展。因此，政策制定者在制定学校资源分配的政策时，需要充分考虑体育的重要性和体育教师的需求。他们需要确保体育教师有足够的资源来进行有效的教学，同时需要确保体育教师的努力和贡献得到足够的认可和支持。只有这样，体育教师的职业发展才能得到有效促进。

（二）职业发展政策和晋升机制

体育教师的职业发展政策和晋升机制也是影响其发展的重要因素。它们为体育教师的成长和提升提供了路径和奖励。

职业发展政策是指设计和实施以帮助教师提高其教学和专业能力的各种政策。这些政策包括教师培训项目、继续教育课程、研究活动支持、教师交流计划等。有效的职业发展政策能鼓励体育教师进行持续学习，增强他们的教学技能，更新他们的知识，从而更好地满足学生和社会的需求。在体育教师职业发展政策中，职业发展政策强调个人的自我提升和发展，重点关注教师的技能提高、专业素质的提升，以及教师对新教育理念、新教育技术的掌握和运用。体育教师通过参与各类培训、研究、交流等活动，可以提升个人素质，提高教学水平，从而实现职业生涯的稳步提升。

晋升机制是一种体现教师工作成果、经验和技能的方式，为教师提供了更高级别的职位和更多的职责。这通常是通过对教师的评估和评价来完成的，考核内容包括教学效果、课程设计、学生评价、同行评价、领导评价、学术研究等方面。有效的晋升机制能够激励体育教师提高教学质量，持续进行专业发展。晋升机制是一种积极激励的机制，通过对体育教师的工作表现、专业素质等进行公正、公平、公开的评价，选择优秀的体育教师进行晋升，使其在职业生涯中得到提升和发展。这不仅能够鼓励体育教师提高自己的教学水平和专业素质，还能够调动其工作积极性，激发其工作热情。

二、学校方面的因素

（一）学校资源和条件

在许多情况下，学校的资源和条件被视为体育教师发展的重要基础。这里的资源和条件涉及的是一系列与教育质量、教师发展和学生体验直接相关的元素。

在体育教学中，体育设施和器材尤其重要。体育设施包括室内和室外运动场、健身房、游泳池等，而器材则包括球类、健身器材、训练设备等。良好的设施和器材能提供适宜的环境和条件，能让体育教师进行多元化、丰富的教学活动，这不仅能提高学生的运动能力，还能培养学生的团队精神和运动习惯。此外，设施和器材的质量和数量也会影响体育教师的教学计划和方式，如果缺乏必要的设施和器材，教师的教学方案就可能受限。

图书资料和科研支持也是体育教师发展的重要资源。图书资料为体育教师提供了丰富的理论知识和实践案例，这些知识和案例能帮助体育教师提高教学水平，拓展教学思路，解决教学中遇到的问题。科研支持包括资金支持、研究平台、研究项目等，这些支持能鼓励体育教师进行科研活动，深入探究体育领域的知识，提高其专业素养。这种支持不仅能提高教师的教学能力，还能提高其研究能力，从而使教师在学术领域有所建树。

总之，学校资源和条件对体育教师的发展起到了基础性的作用。良好的设施和器材能提供良好的教学环境，图书资料和科研支持则能为体育教师提供知识和能力上的帮助。因此，学校应该投入必要的资源，提供良好的条件，以促进体育教师的发展。

（二）学校领导和支持

学校领导和支持是影响体育教师发展的又一个重要因素。学校领导层对体育的态度决定了学校的体育政策和投入的方向，进一步影响了体育教师的工作环境和发展机会。在一个体育被高度重视的学校环境中，领导层会认识到体育在教育全局中的重要角色，他们会为体育教学投入必要的资源和精力。这种环境会使得体育教师得到更多的支持和鼓励，使他们的工作变得更有价值，使他们更有动力。反之，在一个体育被忽视的环境中，体育教师可能会面临资源匮乏，发展机会受限的问题。

除了态度之外，学校领导的具体行动也非常重要。例如，学校是否能为体育教师提供专业培训和发展机会。专业培训可以帮助教师了解最新的教育理念和教学方法，从而提高他们的教学水平和教学效果。发展机会，如参加学术会议、进行科研项目等，能够帮助教师拓宽视野，提高专业知识水平和个人能力。如果学校领导能定期组织此类活动，会极大地促进体育教师的职业成长。

此外，学校领导的指导和反馈对教师的发展也很重要。通过反馈，教师可以了解自己的工作表现，找到改进的方向。而通过指导，教师可以得到具体的建议和帮助，解决教学中的问题，提高教学质量。这样的互动能使教师在实践中不断改进，提高他们的教学能力，也能对他们的职业发展产生积极影响。

（三）教学任务和压力

教学任务和压力是影响体育教师发展的学校方面的重要因素。具体来说，这种压力主要来自教学任务的复杂性、频繁性和高度责任感。

体育教师的教学任务不仅包括传授体育知识和技能，还包括培养学生的体育兴趣，提高学生的身体素质，以及培养学生的团队合作精神和竞争意识。这些任务都需要教师具备专业知识，细心观察，以及采用灵活的教学策略。这种复杂性会给教师带来极大的压力。体育教师的教学任务相对较重，他们不仅要在课堂上教学，还要在课后指导学生训练，甚至要组织和参加各种体育比赛。这种频繁的任务会使教师的工作时间被压缩，个人生活和休息时间受到影响，从而使其产生压力。此外，体育教师还需要具有很高的责任感。他们不仅要保证学生的学习效果，还要保证学生的安全。这种责任感会让教师时刻保持警觉，过度紧张，从而使其产生压力。

当这些压力累积到一定程度时，体育教师的身心健康可能会受到影响，他们的教学质量和效率也可能会降低，这将对他们的职业发展产生负面影响。因此，为了促进体育教师的发展，学校应当采取相应的措施来减轻他们的教学任务压力。比如，学校可以合理安排教学任务，以保证教师有足够的时间准备课程和休息。学校还可以提供专业的教学支持，比如提供教学资源，以减轻教师的教学任务压力。此外，学校还应建立完善的安全制度和保障措施，以减轻教师的责任压力。

（四）学校文化和氛围

学校的文化和氛围对体育教师的发展也有影响。当学校文化中明确体育的价值时，体育教师将会感受到他们的努力和贡献被认可和尊重。

他们将更有动力去探索和采用新的教学方法，更有决心去提高自己的专业技能。他们也将更愿意投入复杂的教学环境中，解决挑战性问题，以满足学生的多元化需求。反之，如果学校文化忽视体育，体育教师的潜能可能会被压制，他们的积极性和创新性可能会受到影响。

在一个鼓励学习、创新和持续改进的文化环境中，体育教师将有更多的机会接触新的教学理念和策略，他们的教学实践将得到丰富和深化。他们将有机会参与到有益于职业发展的活动中，如科研项目、专业研讨会、教师培训等。然而，如果学校文化对教师的职业发展缺乏支持，那么教师可能会在资源和机会上受限，他们的专业成长可能会受阻。

学校的氛围，包括社交氛围、学术氛围和教学氛围等，也深深影响着体育教师的发展。一个友好开放的社交氛围能帮助体育教师建立起良好的同事关系，他们可以在这样的环境中分享教学心得，解决教学问题，共同提高教学质量。一个鼓励探索和创新的学术氛围将推动体育教师投入科研活动中，不断提升自己的专业素养。一个积极向上的教学氛围将鼓舞体育教师用心投入教学工作中，他们将更有动力去挖掘每一个学生的潜力，引导学生享受运动的乐趣，养成健康的生活方式。

三、教师自身方面的因素

（一）自我学习和发展意愿

现代社会的发展速度之快，对个体的学习和发展能力提出了更高的要求。高校体育教师除了要担负起教育学生的重任外，还要不断提高自己的教学水平和专业素养。对于教师来说，自我学习和发展意愿是推动其发展的内在驱动力，是教师对自身专业发展负责的表现。

教师的自我学习意愿体现在教师积极参与各种形式的教育培训，自发寻找新的教学理论和教学方法，努力提高教学质量上。教师的自我发展意愿则体现在教师愿意通过努力工作，提升自身的职业地位和职业影响力上。这包括但不限于参加教学比赛、发表学术论文、申请研究项目等。

当然，自我学习和发展意愿并非一蹴而就的，而是需要长期的积累和努力。这包括学习态度、学习方法、学习目标、学习环境等多个方面。而这些都需要教师具备自主学习的能力和习惯。通过自我学习和发展，教师可以提高自身的专业素养和教学质量，更好地适应社会发展的需求。

（二）学术交流和国际化视野

学术交流和国际化视野对高校体育教师的专业化发展有重要的影响。这两个方面可以帮助教师拓宽视野、提高专业素养，以及获取先进的教学方法和理念。下面，本书将针对这两方面分别进行论述。

1. 学术交流对高校体育教师的专业化发展的影响

学术交流是指教师通过与其他学者、专家、教育机构以及国际学术组织的交流与合作，进行学科知识、研究成果和教学经验的分享与交流。这种交流可以促进高校体育教师的专业化发展，具体影响包括以下几个方面。

（1）知识更新：通过学术交流，教师可以了解最新的学术研究成果、理论观点和教学方法。他们可以参加国际学术会议、研讨会和讲座，听取来自世界各地专家的报告和演讲，了解最新的研究动态，从而不断更新自己的知识储备。

（2）合作研究：学术交流为教师提供了与国内外专家进行合作研究的机会。教师可以与其他研究者共同开展科研项目，通过合作研究，提高自己的研究水平和能力，拓宽研究视野，增强研究成果的国际影响力。

（3）教学经验分享：通过学术交流，教师可以与其他高校体育教师分享教学经验和教学方法。他们可以了解不同国家和地区的教学模式和教学理念，借鉴先进的教学方法，提高自己的教学效果。

2. 国际化视野对高校体育教师的专业化发展的影响

国际化视野是指教师具备开放、包容的思维方式，关注国际学术动态和教育发展趋势，具备跨文化交流和合作的能力。国际化视野对高校体育教师的专业化发展的影响包括以下几个方面。

（1）跨文化交流：国际化视野能够使教师与不同国家和地区的学者进行交流和合作，了解不同文化背景下的体育理念和实践。这有助于拓宽教师的思维边界，促进跨文化交流和合作，增强教师的跨文化教育能力。

（2）全球视野：国际化视野能够使教师关注全球范围内的体育发展趋势和挑战。他们可以了解其他国家和地区的高校体育政策、课程设置和教学方法，并从中获取借鉴和启示，为自己的教学实践提供更加全球化的视野。

（3）国际化课程：国际化视野能够使教师设计和开设国际化课程，以满足不同文化背景下学生的需求。教师可以结合国际教育标准和最佳实践，开发具有国际视野和跨文化意识的教学内容，提升教学质量。

（三）个人职业规划

体育教师的个人职业规划，是影响他们发展的另一个重要因素。职业规划，是指教师对自己的职业发展进行预设和设计，包括设定职业目标，制定职业策略，实施职业行动等。通过职业规划，教师可以清晰地认识自己的职业位置，明确自己的职业方向，掌握自己的职业进程。

职业规划的过程，实际上是一个自我认知、自我定位、自我发展的过程。在这个过程中，教师需要认清自己的兴趣、优势、机会和挑战，确定自己的职业目标和道路，制定自己的发展策略和行动计划。这个过程需要教师具有足够的自我意识、自我反思、自我驱动和自我调整的能力。

职业规划的结果，会直接影响教师的职业发展。如果教师的职业规划清晰明确，符合他们的实际情况，那么他们就更有可能实现职业目标，获得职业成功。反之，如果教师的职业规划模糊不清，或者与他们的实际情况不符，那么他们可能会在职业发展中迷失方向，难以达成职业目标。

体育教师的职业规划应该涵盖以下几个主要方面：第一，教学发展方面。体育教师应该设定自己在教学上的发展目标，比如提高教学质量，创新教学方法，扩大教学影响等。他们还应该制定相应的策略和行动计划，比如参加教学培训，学习教学理论，进行教学研究等。第二，专业发展方面。体育教师应该设定自己在专业上的发展目标，比如提高专业知识水平，提高专业技能，提升专业地位等。他们还应该制定相应的策略和行动计划，比如参加专业学习，参加专业交流，参加专业比赛等。第三，职业发展方面。体育教师应该设定自己在职业上的发展目标，比如提高职业水平，提升职业影响，提高职业满意度等。他们还应该制定相应的策略和行动计划，比如参加职业培训，参加职业评估，参加职业活动等。

在进行职业规划时，体育教师应该充分考虑自己的实际情况和可能的变化。他们需要识别和分析自己的兴趣、优势、机会和挑战，以确定最合适的职业目标和道路。他们需要制定灵活多样的发展策略和行动计划，以应对可能的困难和变化。他们需要定期进行职业评估和反思，以调整和改进自己的职业规划。

通过有效的职业规划，体育教师可以更好地引导和管理自己的职业发展，实现自己的职业目标，提高自己的职业满意度。职业规划也可以帮助体育教师更好地适应和应对教育改革和社会变革，提高他们的职业竞争力。因此，职业规划是体育教师职业发展的重要工具和策略，值得他们重视和利用。

第四节　高校体育教师专业化发展策略

一、重视教师入职教育

（一）入职期的重要性

在高校体育教师专业化的发展策略中，首先应重视教师的入职教育。

入职期是新教师最初接触高校体育领域的时期，此时对教师的教育和培训是至关重要的。这段时间可以帮助他们形成正确的教育理念，了解高校体育教学的需求和期望，并建立起必要的教学技巧和能力。

首先，对于任何一位新教师而言，入职教育能够帮助他们理解并适应新环境。进入高校体育领域，他们需要迅速理解学校的文化、教学方式、学生需求等，同时需要掌握在高校体育教学中所需的教学策略和技巧。通过入职教育，新教师可以更快地适应这种新的工作环境，避免因不熟悉环境而造成的教学效果不佳。

其次，入职教育是提高新教师教学能力的关键。高校体育教学不仅要求教师具备体育技能，还要求他们有能力设计和实施有效的教学计划，以满足不同学生的需求。入职教育可以通过实践教学、模拟教学等方式，让新教师在实际教学中提高自己的教学能力，同时能帮助他们理解并运用教学理论。

最后，入职教育还有助于形成新教师的职业道德和责任感。高校体育教师不仅是教育者，还是引导者和榜样，他们的行为和态度将深深影响学生。通过入职教育，新教师可以明确自己的职业角色，理解教育的重要性和责任，从而以更高的热情和专注度投入教学中。

（二）加强高校体育教师入职教育的具体策略

1. 保证必要的经费投入

对于高校体育教师来说，经费的投入主要用于购买和更新体育设备，维护体育场地，以及为体育教师提供专业的培训。校方需要保证有足够的经费来满足这些需求。此外，为体育教师提供进一步的专业发展机会，如参加专业研讨会、体育课程培训等，也需要资金支持。高校可以寻求企业赞助或政府补助，以增加体育教师入职教育的经费。

2. 完善教师入职教育的管理体系

为了提高体育教师入职教育的质量，学校需要完善入职教育的管理体系。这包括构建一个由教学管理部门、教师培训部门、体育学科专家和实践导师组成的机构，该机构负责管理和实施体育教师入职教育。此外，学校还需要制定清晰的入职教育流程，包括入职前的准备、入职的实施，以及入职后的跟踪和支持。这种体系将有助于保证体育教师在入职时获得充分的支持，以及在入职后能够顺利适应新的工作环境。

3. 完善新入职教师的教学指导

由于体育教学具有很强的实践性，因此对新入职的体育教师进行教学指导是至关重要的。这需要有经验的体育教师或教练指导新教师，帮助他们了解和掌握体育课程的教学方法和技巧。同时，学校需要制定明确的规定和程序，规范教学指导活动，以确保指导的效果。具体来说，其包括指导教师的选择标准、指导时间的安排，以及教师和指导教师之间的互动方式等。

4. 构建新入职教师的教育评价体制

为了保证体育教师入职教育的效果，学校需要构建一个科学、有效的教育评价体制。这包括建立科学的评价指标体系，实施多元化的评价方法，以及建立评价反馈机制。评价指标体系应该覆盖体育教师的专业知识、教学能力和教学态度等方面；评价方法可以包括自我评价、同行评价、学生评价和领导评价；评价结果应及时反馈给教师和教育机构，以便根据评价结果改进和优化教育方案。同时，新教师有权利对评价结果进行申诉和解释，这可以保证评价的公正性。

二、激发教师专业化发展的主动性

激发教师专业化发展主动性的策略可从四个方面进行思考，如图6-5所示。

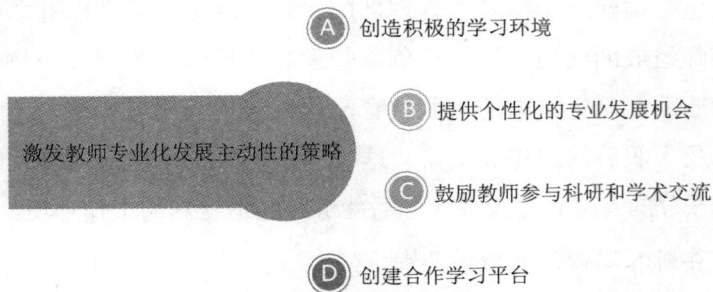

图6-5　激发教师专业化发展主动性的策略

（一）创造积极的学习环境

在高校体育教师的专业化发展过程中，一个积极的学习环境对于激发他们主动性的重要性不言而喻。一个积极的学习环境包括优秀的教育资源、高效的教学设备、丰富的实验室环境以及创新的教学方法。这不仅使教师有机会接触最新的教学理论和实践，还使他们有可能获得足够的资源来改进自己的教学技能。

在教育资源方面，高校可以通过建立图书馆、在线学习平台等方式为教师提供大量的学术书籍、期刊、在线课程和教育软件。这些资源可以帮助教师了解最新的体育教学理论和方法，提高自己的教学水平。

在教学设备和实验室环境方面，高校需要为教师提供先进的体育设备和设施，以便教师可以用最新的技术和方法进行教学。例如，教师可以使用智能运动设备来帮助学生了解和改进他们的运动技能。

在教学方法方面，高校应鼓励教师采用新的教学策略和技术，比如翻转课堂、项目式学习、混合学习等。这些方法可以提高教学效率，增强学生的学习兴趣，从而提高教学质量。

另外，高校应营造一种鼓励教师探索和自主学习的氛围。这可以通过举办教师研讨会、工作坊、专题讲座等活动来实现。这些活动可以让教师有机会分享他们的教学经验，探索新的教学方法，从而激发他们的教学创新精神。

（二）提供个性化的专业发展机会

了解每位高校体育教师的专业发展需求和兴趣，为他们提供个性化的专业发展机会是十分必要的。这样可以使教师更加热衷于自身的专业发展，从而提高他们的教学质量和研究能力。

针对不同领域和兴趣的培训课程、研讨会、学术交流会等都是提供个性化专业发展机会的有效方式。例如，对于那些对某一特定运动项目特别感兴趣的教师，高校可以为他们提供相关的培训课程，以便他们能够进一步提高自己在这一领域的专业水平。对于那些对教学方法研究感兴趣的教师，高校可以组织教学方法研讨会，让他们有机会与其他教师分享和讨论自己的教学理念和经验。

鼓励教师参与学术研究项目、撰写论文和发表成果，是激发他们专业发展主动性的一个重要途径。参与学术研究可以帮助教师深入理解体育教学的理论和实践，撰写论文和发表成果则可以提高他们的学术影响力和增加职业发展机会。为了支持教师进行这些活动，高校应提供必要的支持和资源，如研究经费、研究设施、论文写作指导等。

（三）鼓励教师参与科研和学术交流

教师参与科研和学术交流是对其专业能力和知识水平的一次提高，这种参与不仅可以扩大教师的专业视野，还可以提高他们解决问题的能力，从而使教师能够更好地完成教学任务。同时，科研和学术交流对教师的专业成长具有极大的促进作用，能够使他们在教育教学实践中不断更新知识、提高技能，从而实现教师专业发展的目标。

科研和学术交流的过程，实际上是知识更新和专业技能提高的过程。教师在参与科研项目时，需要熟悉和掌握新的知识，而这些知识将为他们的教学提供新的思路和方法。在这个过程中，教师将体验到自我发展和学习的乐趣，从而激发其对专业发展的主动性。

学术交流为教师提供了一个开放的平台，教师可以在这个平台上分享自己的研究成果，获取他人的反馈和建议，这种交流和互动将有助于教师形成批判性思维和创新思维。通过学术交流，教师可以了解教育领域的最新发展和研究动态，从而使自己的知识和理论得到更新，促进自身的专业发展。

此外，参与科研和学术交流也可以帮助教师建立自己的专业网络，这些网络可以为教师提供资源和支持，帮助他们解决教学中的问题，提高教学效果。有了这些资源和支持，教师将更有信心和动力去追求专业的进步，实现自我发展。

（四）创建合作学习平台

创建合作学习平台对于激发教师专业发展的主动性有重要的意义。一个有效的合作学习平台，可以提供各种资源和工具，支持教师进行共享和交流，从而能够使教师不断提高自身的专业技能和知识水平。

在这样的平台上，教师可以分享他们的教学经验和方法，与其他教师进行交流和合作，互相学习，互相启发，从而提高自己的教学技能和知识水平。在教学实践中遇到的问题和困扰，也可以在合作学习平台上得到解答和帮助，从而提高教师解决问题的能力和效率。这种共享和合作的机制，无疑会激发教师对专业发展的主动性和积极性。

更重要的是，合作学习平台有助于建立一个开放、平等的学习社区，教师在这个社区中不仅可以学习新的知识和技能，还可以获得他人的支持和鼓励。这种社区的存在，可以减少教师的孤独感和减轻他们的压力，提高他们对教育工作的满意度，从而使教师更积极地参与到专业发展中去。

此外，通过合作学习平台，教师可以接触丰富多样的观点和理念，这种观念的碰撞和交流，将有助于他们开拓思维，发展创新意识。在这个过程中，教师的教育观念和教学方法将得到不断更新，这使他们能够更好地应对教育实践中的挑战，促进自身的专业发展。

创建合作学习平台并非一项简单的任务，它需要合理的设计、良好的管理以及教师的积极参与。但只要付出足够的努力和耐心，学校就一定能够创建出一个能够激发教师专业发展主动性的有效平台。

三、丰富教师培养模式

为了促进高校体育教师的专业化发展，高校需要不断丰富和改进教师的培养模式。下面，本书便简要论述两种高校教师培养模式。

（一）PDCA 循环培养模式

PDCA（P、D、C、A 分别是英语单词 Plan、Do、Check、Act 的首字母）循环培养模式基于质量管理的 PDCA 理论，有计划（Plan）阶段、执行（Do）阶段、检查（Check）阶段和行动（Act）阶段四个阶段，如图 6-6 所示。它适用于各个行业和领域的管理和改进工作。在教师专业发展的背景下，PDCA 循环培养模式可以帮助教师明确自身的专业发展目标，制定并执行培训计划，通过检查和评估改进教学质量，实现持续的教学和专业发展。

图 6-6　PDCA 循环培养模式的阶段

1. 计划阶段

计划阶段是 PDCA 循环培养模式的首要步骤，为教师的专业发展提供了明确的方向和目标。在高校体育教师的专业发展中，计划阶段需要教师设定自己的教学和专业发展目标，基于教学需求和个人职业发展目标来选择培训课程，制定学习计划。此外，这个阶段也需要教师对自己的能力进行全面的自我评估，以识别自己的优点和不足，并以此来确定个人发展计划的重点和优先级。

2. 执行阶段

在执行阶段，高校体育教师需要付诸行动，按照自己设定的计划来进行教学实践和专业学习。例如，参加专业培训课程，阅读相关的专业文献，尝试新的教学方法等。执行阶段的关键是将计划转化为实际行动，这需要教师具备良好的自我管理能力和执行力，同时需要教师克服困难，坚持不懈，以确保计划的有效实施。

3. 检查阶段

检查阶段是 PDCA 循环培养模式的关键环节，其目的是评估教师在执行阶段的表现，以便找出偏差和不足，进行反思和调整。在高校体育教师的专业发展中，检查阶段可以通过各种方式进行，如自我评估、学生反馈、同行评价等。在这个阶段，教师需要批判性地分析和反思自己的教学实践和专业学习，识别出需要改进的地方。

4. 行动阶段

行动阶段是 PDCA 循环培养模式的最后一个步骤，主要是根据检查阶段的反馈信息来调整和改进教师的教学方法和专业发展计划。在高校体育教师的专业发展中，行动阶段可能涉及改变教学策略，调整专业发展计划，甚至重新设定职业发展目标。行动阶段的目的是通过持续的反思和改进，使教师的教学质量和专业能力得到持续的提高。

（二）协同培养模式

协同培养模式强调合作、互动和资源共享，通过高校、企业的多方参与，形成高校体育教师培训的多元化、全方位的支持体系。

1. 校企协同

校企协同是协同培养模式的重要组成部分。在这个模式中，高校和企业密切合作，共享资源。对于高校体育教师而言，校企协同可以帮助他们获取更多元化的培训和发展机会。企业可以提供更贴近实际的培训内容，如最新的体育科技、体育管理方法等，帮助教师扩大视野，提高专业能力。企业也可以提供实习、参观等机会，让教师更好地理解体育行业的实际运作，提高教师的实践能力。

校企协同也有利于促进教师的创新精神和批判性思维发展。企业常常是技术和管理创新的源泉，与企业的合作可以刺激教师的创新思维，激发教师的批判性思维。教师可以通过反思和批判企业的实践，提高自身的教学质量和专业水平。

当然，校企协同并非易事，需要高校和企业建立良好的合作关系，共同规划教师培训的内容和形式。高校需要尊重企业的需求和利益，企业需要支持高校的教育目标和教师的专业发展。只有双方都投入协同中，才能形成真正有效的教师培养体系。

2. 校际协同

校际协同是协同培养模式的另一个关键组成部分。在这个模式中，不同的高校通过互动和合作，共享教学资源和专业发展资源。

对于高校体育教师而言，校际协同可以帮助他们获取更广泛的教学和专业发展资源。教师可以通过与其他高校的教师交流，获取新的教学思路和教学方法，提高自己的教学能力。同时，高校可以通过共享教学资源，如教材、课程、实验设备等，提高教学质量，促进教师的专业发展。校际协同也有利于培养教师的团队协作精神和跨文化交际能力。在校际协同的过程中，教师需要与来自不同背景的同行进行交流和合作，这既可以提高教师的团队协作能力，还可以提高教师的跨文化交际能力。

当然，校际协同也面临一些挑战，例如，如何建立有效的交流和合作机制，如何处理资源共享中的权益问题等。要解决这些问题，高校需要建立开放、公平、互助的合作文化，共同推动教师的专业发展。

四、培养教师终身发展能力

教师从开始任教直至成为专业化教师，需要走过一段相对漫长的道路，尤其在这个持续学习的社会，知识在不断更新，教师需要具备终身发展的能力。只有通过不断学习和自我提升，教师才能最终成为专业的教育工作者。即便在成为专业的教育工作者之后，教师依然需要保持学习的姿态。因此，针对在职高校体育教师，学校在提供必要培训的基础上，还需培养他们的终身发展能力。具体而言，培养教师终身发展能力可以从以下两个方面着手。

（一）培育教师终身学习的理念

在教师的专业发展中，培育终身学习的理念是至关重要的。终身学习的理念源于对知识更新速度的认识和对教师角色的理解。在信息爆炸的今天，知识更新日新月异，教师要想保持教学的现代性和针对性，就必须积极面对新知识、新理念的学习。教师的角色也从传统的知识传授者转变为学习的引导者和设计者，这就要求教师具备持续学习和自我发展的能力。终身学习的理念正是这两方面需求的体现。

在这个意义上，教师的终身学习不仅是提高职业技能的需求，还是实现自我发展的途径。终身学习的理念植根于教师的心中，教师才能积极面对学习，享受学习，从而在学习中发现问题，解决问题，实现自我超越。

如何培育教师的终身学习理念呢？一种有效的方法是引导教师反思自己的学习历程和学习经验，让教师认识到学习的价值和意义。另一种方法是提供多元化的学习机会和资源，让教师在实际的学习过程中体验到学习的乐趣和成就感。这就需要高校和教育部门建立完善的教师培训体系，提供丰富的学习资源，开展多样化的培训活动，创设良好的学习环境，鼓励教师自主选择学习内容和方式，自我规划学习进度，自我评价学习效果，从而真正地实现终身学习。

（二）提供持续的学习机会

持续的学习机会是实现教师终身学习理念的重要保障。持续的学习机会可以让教师在实践中不断更新知识，提高技能和教学质量。具体来说，持续的学习机会可以分为两类：一类是正式的学习机会，如参加研究性的学习活动，参与教学项目，获取学历和学位等，这类学习机会可以让教师在系统的学习中获取深度的专业知识和技能；另一类是非正式的学习机会，如参加教学研讨会，进行教学观摩，参与教学讨论等，这类学习机会可以让教师在日常的教学实践中获取实时的教学反馈和经验，及时地调整教学策略和方法。

持续的学习机会的提供需要高校和教育部门的大力支持。首先，高校和教育部门需要提供充足的资源，包括时间资源，如调整教师的工作时间，以确保他们有足够的时间进行学习；物质资源，如提供学习场所，配备学习设备；信息资源，如建立教育信息平台，提供学习资料等。其次，高校和教育部门需要建立完善的制度，鼓励和支持教师的学习行为，如制定教师培训计划，建立教师学习记录和评价体系，设立教师学习奖励制度等。最后，高校和教育部门需要建立和维护良好的学习氛围，弘扬学习的价值，鼓励教师互相学习、互相合作，形成教师学习的良好社会环境。

SPORTS

第七章 结论与展望

第一节 研究结论

研究结果表明，高校体育教学模式的创新，是实现体育教学目标、提高教学效果、促进学生全面发展的重要手段。这一结论基于以下几个方面的考察和分析。

（1）创新的教学模式能更好地满足学生的学习需求。每个学生的学习风格和能力都有所不同，传统的"一刀切"的教学模式往往无法满足所有学生的需求。而创新的教学模式，如程序教学模式、俱乐部教学模式、快乐体育教学模式等，可以提供更多的学习选择和可能，让每个学生都能找到适合自己的学习路径。

（2）创新的教学模式能更有效地促进学生的学习。寓教于乐、注重实践的教学模式能更有效地促进学生的学习。例如，程序教学模式通过分步骤、分阶段的教学，有助于实现做中学，进而让学生在实践中掌握知识和技能；快乐体育教学模式通过游戏、竞赛等形式，可以有效激发学生的学习兴趣，提高学生的学习动力。

（3）创新的教学模式能更全面地培养学生。除了提高学生的体育技能外，创新的教学模式还关注学生的健康习惯的培养、团队协作能力的提高、运动道德精神的弘扬等。例如，俱乐部教学模式通过小组活动，可以培养学生的团队协作能力和社会交往能力；"双向主体能动式"教学模式通过互动教学，可以培养学生的自主学习能力和批判性思维能力。

（4）创新的教学模式能更好地适应社会的发展。随着科技的进步和社会的变化，体育教学也需要不断创新和发展。例如，基于现代教育技术的创新的教学模式，如在线教学模式、翻转课堂教学模式等，能更好地适应数字化、网络化的教育环境；以学生为中心的教学模式，能更好地满足社会发展对人才的需求。

总之，创新是教学发展的永恒主题，高校体育教学模式的创新，可以为学生提供更好的学习体验，为社会培养更多的高素质体育人才。

第二节　未来展望

展望未来，高校体育教学模式创新的研究还有以下几个方向。

一、深化理论研究

未来的高校体育教学模式创新将更加深入地研究教育理论，其中包括新的教学理念、教学方法以及教学评价等。这些理论的深化研究会帮助人们理解学生的学习需求、课程设计的科学性、教学方法的有效性，以及教学评价的合理性等。例如，通过研究个体化教学理论，人们可以更好地理解和尊重学生的差异化需求，为每个学生提供更适合的体育教学方案。同时，人们需要对已有的体育理论进行反思，以期发现新的可能性和机会。通过对传统理论的批判性思考，人们可以挖掘出新的、更具有启发性的教学理念和方法。

二、拓宽应用领域

未来的高校体育教学模式创新不仅需要在课堂上应用，还需要在课堂外的实践活动中应用。实践活动包括体育竞赛、健康促进活动、体育社团活动等。这些活动可以提供更丰富、更真实的体验，帮助学生更好地理解和掌握体育知识、技能和态度。此外，未来的高校体育教学模式创新也需要与其他学科的教学相融合，形成跨学科的教学模式。这种跨学科的教学模式可以让学生在学习体育的同时，学习到其他学科的知识，如生物学、心理学、社会学等，从而提高学习的效率和效果。

三、加强实践研究

未来的高校体育教学模式创新需要更多地依赖于实践研究。实践研究包括教学实验、教学观察、教学反馈等。这些实践研究可以帮助人们了解教学模式在实际应用中的效果，发现问题，提出改进方案。当然，实践研究也需要与理论研究相结合。通过理论指导实践，实践反馈理论，人们可以不断改进和优化高校体育教学模式。

四、提高现代技术应用水平

未来的高校体育教学模式创新需要更加充分地利用现代技术。现代技术包括信息技术、人工智能、虚拟现实（VR）技术，以及一些可能会出现的新兴的技术。这些技术可以提供更丰富的教学资源、更便捷的教学工具、更个性化的教学服务。比如，在未来，全息投影技术可能被广泛应用于体育教学中，让学生身临其境地学习和体验各项运动技巧。教师可以利用全息投影技术展示复杂的运动动作，甚至能将世界级运动员的训练过程进行全息投影，让学生更直观地理解和模仿。人们也需要提高教师的技术应用能力，使他们能够有效地使用这些技术进行教学。这需要提供相关的教育和培训，如技术培训、教学设计培训等。

参考文献

[1] 李鑫，王园悦，秦丽.体育文化建设与高校体育教学模式研究[M].北京：中国纺织出版社，2019.

[2] 张亚平，杨龙，杜利军.高校体育教学理念及模式创新研究[M].北京：中国商业出版社，2022.

[3] 魏小芳，丁鼎.高校体育教学管理改革与模式构建探索[M].长春：吉林人民出版社，2022.

[4] 韦雄师."翻转课堂"模式在高校体育教学中的实践应用[M].西安：陕西人民教育出版社，2021.

[5] 梁田.高校民族传统体育教学模式的创新性研究[M].长春：吉林人民出版社，2020.

[6] 杨乃彤，王毅.高校体育教学创新及运动教育模式应用研究[M].北京：九州出版社，2019.

[7] 任婷婷.高校体育教学管理改革与模式构建[M].长春：吉林大学出版社，2017.

[8] 戴信言.高校体育教学多种模式的探索[M].北京：中国原子能出版社，2016.

[9] 畅宏民.我国高校体育拓展训练的教学体系构建与模式创新研究[M].沈阳：东北大学出版社，2018.

[10] 朱元明.高校体育教学模式与创新发展研究[M].长春：吉林出版集团股份有限公司，2022.

[11] 刘飞鹏.信息化背景下高校体育教学模式创新与实践：评《体育教学与模式创新》[J].中国高校科技，2023(3): 109.

[12] 李春峰 . 新媒体时代高校体育教学模式创新思考 [J]. 中国报业 , 2022(22): 114-117.

[13] 智永红 , 姜艳 . 创新体育教学模式 构建新型师生关系：评《新时代高校体育教学理论解析与模式创新研究》[J]. 山西财经大学学报 , 2022, 44(11): 127.

[14] 孟丽娜 . 运用 CBE 教学理论对应用型高校体育教学模式创新研究 [J]. 田径 , 2021(7): 18-20.

[15] 白琨 . 互联网背景下高校体育教学模式创新实践：评《"互联网＋教育"背景下高校体育教学创新思路研究》[J]. 中国科技论文 , 2022, 17(1): 132.

[16] 陈鹏 , 卢德林 . 互联网背景下高校体育教学模式创新理念分析：评《体育教学的信息化教学理论与实践研究》[J]. 科技管理研究 , 2022, 42(1): 218.

[17] 王勇 . 基于翻转课堂教学模式的高校体育教学模式理念创新：评《高校体育教育创新理念与实践教学研究》[J]. 热带作物学报 , 2021, 42(12): 3756.

[18] 张杨生 . 信息化背景下高校体育教学模式创新探究：评《体育教学的信息化教学理论与实践研究》[J]. 热带作物学报 , 2021, 42(10): 3118.

[19] 唐艳青 . 高校体育教学模式创新路径研究 [J]. 现代交际 , 2021(17): 176-178.

[20] 袁丹 . "互联网＋"时代高校体育教学模式创新 [J]. 冰雪体育创新研究 , 2020(18): 81-82.

[21] 赵越强 . 高校体育教学模式创新理念的探索：评《高校体育教育创新理念与实践教学研究》[J]. 中国高校科技 , 2020(7): 108.

[22] 唐丽 . 基于"雨课堂"的高校体育教学模式创新研究 [J]. 文化创新比较研究 , 2020, 4(19): 79-81.

[23] 高雪峰 . 面向阳光体育的高校体育教学模式创新体系构建研究 [J]. 科技风 , 2021(20): 46-47.

[24] 朱小军 . "互联网＋"时代高校体育教学模式创新分析 [J]. 科技风 , 2020(14): 73-74.

[25] 陈波 . 体育教学模式创新理念的探索 : 评《高校体育教育创新理念与实践教学研究》[J]. 中国高校科技 , 2020(合刊 1): 158.

[26] 郑红波 . 体育伤害保障促进高校体育教学模式的创新研究 [J]. 当代体育科技 , 2020, 10(1): 177-178.

[27] 章华夏 , 陈雷 , 孟令钗 , 等 . 新时期高校体育教学模式创新发展研究 : 评《高校体育教育创新理念与实践教学研究》[J]. 教育发展研究 , 2019, 39(24): 2.

[28] 刘佳 . 刍议高校体育教学模式的发展与创新 [J]. 科技资讯 , 2021, 19(5): 123-125.

[29] 郭广辉 . 基于民族体育项目的高校体育教学模式创新研究 [J]. 冰雪体育创新研究 , 2021(1): 23-24.

[30] 曾昭婷 . "互联网 +" 时代高校体育教学模式创新研究 [J]. 教育观察 , 2021, 10(10): 49-51.

[31] 姬永献 . 浅析高校体育教学模式的创新发展 [J]. 陕西教育 (高教), 2019(10): 55-56.

[32] 关玲香 . 健康中国环境下高校体育教学模式的创新分析 [J]. 体育科技文献通报 , 2019, 27(9): 128-129.

[33] 徐成波 . 高校体育情景融合教学模式创新研究 : 评《高校体育教学创新方法论》[J]. 中国高校科技 , 2021(8): 111.

[34] 卢文超 . 中外高校体育教学模式比较及创新路径 [J]. 黑河学院学报 , 2019, 10(3): 32-33.

[35] 杨毅 , 邢智 . 信息网络下高校体育教学模式与方法的创新研究 [J]. 现代农村科技 , 2019(2): 73.

[36] 郑红波 . 体育伤害保障促进高校体育教学模式创新的实践研究 [J]. 福建茶叶 , 2019, 41(1): 285-286.

[37] 高丹娜 . 论高校体育教学模式的发展与创新 [J]. 当代体育科技 , 2018, 8(36): 64-65.

[38] 邱汉祥.信息化技术背景下高校体育教学模式的创新发展研究 [J]. 湖北第二师范学院学报, 2018, 35(12): 90-93.

[39] 张坤.面向阳光体育的高校体育教学模式创新体系构建 [J]. 当代体育科技, 2018, 8(29): 126-127.

[40] 张安骏.阳光体育视域下的高校体育教学模式创新 [J]. 当代体育科技, 2018, 8(27): 89-90.

[41] 杨欢.高校体育教学中实施分层教学模式创新：评《高校体育教学创新方法论》[J]. 热带作物学报, 2021, 42(7): 2154.

[42] 余贞凯, 赵艳艳.应用型人才培养背景下云南高校体育教学模式创新探索 [J]. 玉溪师范学院学报, 2018, 34(5): 57-60.

[43] 杨平川.利用网络对高校体育教学模式创新的研究 [J]. 当代体育科技, 2018, 8(14): 72-73.

[44] 张永刚.基于民族体育项目的高校体育教学模式创新研究 [J]. 教育现代化, 2018, 5(20): 75-77.

[45] 杨平川.基于网络环境的高校体育教学模式创新研究 [J]. 体育研究与教育, 2018, 33(2): 53-56.

[46] 邹如铜.基于面向阳光体育的高校体育教学模式创新体系建设探讨 [J]. 当代体育科技, 2017, 7(34): 119-120.

[47] 申明.生态视野下高校体育教学模式的创新与优化 [J]. 青少年体育, 2017(10): 45-46.

[48] 郭西魁.试论拓展训练理念下高校体育教学模式的发展与创新 [J]. 陕西教育（高教）, 2017(10): 41-42.

[49] 林成亮.健康中国背景下高校体育教学模式创新研究 [J]. 当代体育科技, 2017, 7(17): 5-6.

[50] 韩燕.互联网背景下高校体育教学模式创新理念分析：评《体育教学的信息化教学理论与实践研究》[J]. 中国油脂, 2021, 46(8): 163-164.

[51] 刘玲.深度学习与课程思政融合视域下高校体育教学模式的创新策略 [J].

无锡职业技术学院学报 , 2023, 22(2): 9-13.

[52] 吴国天 , 陆春敏 . 现代教育理念在高校体育教学中的应用 : 评《高校体育教学理念及模式创新研究》[J]. 中国油脂 , 2023, 48(3): 157.

[53] 邓伟涛 , 孙玉林 . 基于体育技能竞赛的高职体育教学改革策略 : 评《高校体育教学理念及模式创新研究》[J]. 皮革科学与工程 , 2023, 33(2): 109.

[54] 吴立冬 . 基于终身健身的高校体育教学策略 : 评《高校体育教学理念及模式创新研究》[J]. 中国教育学刊 , 2023(3): 118.

[55] 姚星 , 介春阳 . 新时代我国高校体育专业创新人才培养之 "学、练、研、展、评" 教学模式构建研究 [J]. 青少年体育 , 2022(10): 117-120.

[56] 张涵 , 张云龙 , 马麟 . 新媒体技术在高校体育教学中的应用探寻 : 评《新媒体视阈下体育教学模式创新研究》[J]. 中国科技论文 , 2021, 16(5): 579.

[57] 卿凯丽 . 创新教学模式 助力教育改革 : 评《高校体育教学的影响因素分析与改革探索》[J]. 山西财经大学学报 , 2022, 44(3): 132.

[58] 杜烨 , 刘斌 . 基于翻转课堂教学模式下的高校体育教学模式理念创新 [J]. 工业建筑 , 2021, 51(12): 153.

[59] 张治远 , 朱萍 , 李瑞雪 . 西藏高校体育教育专业田径教学模式的改革与创新 : 以西藏民族大学为例 [J]. 体育视野 , 2021(24): 37-39.

[60] 袁国伟 . 基于大数据背景下高校体育教学模式的创新路径研究 : 评《基于大数据的高校教育管理研究》[J]. 林产工业 , 2021, 58(9): 146.

[61] 张旭 . 高校体育课程 "以赛促教" 教学模式创新研究 [J]. 冰雪体育创新研究 , 2021(17): 117-118.

[62] 瞿德明 . 基于大数据背景下高校体育教学模式的创新路径探析 :《基于大数据的高校教育管理研究》[J]. 热带作物学报 , 2021, 42(7): 2139.

[63] 刘荣花 , 郭宇锦 . 体医融合背景下高校体育保健班教学模式创新探索 [J]. 四川体育科学 , 2021, 40(4): 117-121.

[64] 李菊花 , 邓万里 . 高校体育专业羽毛球课程混合式教学模式创新与实践 [J]. 科技资讯 , 2021, 19(19): 132-134.

[65] 李茜.信息化技术对高校体育教学模式的创新性研究 [J]. 当代体育科技，2021, 11(9): 68-70.

[66] 陈松波.教学模式变革，打造移动学习：基于微信移动学习的高校体育教学改革创新 [J]. 运动精品，2020, 39(8): 31, 33.

[67] 谭小丰，宋名芳."互联网＋教育"背景下高校体育专业排球教学模式创新路径研究 [J]. 湖南工业大学学报（社会科学版），2020, 25(2): 123-128.

[68] 朱艳梅.新媒体环境下高校体育教学模式的创新 [J].读与写（教育教学刊），2020, 17(2):15.